신문이 보이고 뉴스가 들리는 ⑫

재미있는
# 환경 이야기

신문이 보이고 뉴스가 들리는 ⑫
재미있는 **환경 이야기**

개정판  1쇄 발행 | 2013년 8월 12일
개정판 11쇄 발행 | 2025년 7월 15일

지 은 이 | 허정림
그 린 이 | 김영랑
감    수 | 박상규

펴 낸 곳 | (주)가나문화콘텐츠
펴 낸 이 | 김남전
편 집 장 | 유다형
편    집 | 이경은 김경선
외 주 편 집 | 아우라
디 자 인 | 양란희
외주 디자인 | 디자인아이
마 케 팅 | 정상원 한웅 정용민 김건우
관    리 | 김경미

출 판 등 록 | 2002년 2월 15일 제10-2308호
주    소 | 경기도 고양시 덕양구 호원길 3-2
전    화 | 02-717-5494(편집부) 02-332-7755(관리부)
팩    스 | 02-324-9944
홈 페 이 지 | ganapub.com
이 메 일 | ganapub@naver.com
ISBN 978-89-5736-574-8 (74530)

*책값은 뒤표지에 표시되어 있습니다.
*이 책의 내용을 재사용하려면 반드시 저작권자와 (주)가나문화콘텐츠 양측의 동의를 얻어야 합니다.
*잘못된 책은 구입하신 서점에서 바꾸어 드립니다.

*'가나출판사'는 (주)가나문화콘텐츠의 출판 브랜드입니다.

- 제조자명 : (주)가나문화콘텐츠
- 주소 및 전화번호 : 경기도 고양시 덕양구 호원길 3-2 / 02-717-5494
- 제조연월 : 2025년 7월 15일
- 제조국명 : 대한민국
- 사용연령 : 4세 이상 어린이 제품

# 신문이 보이고 뉴스가 들리는 재미있는 환경 이야기

12

글 허정림 | 그림 김영랑
감수 박상규(연세대학교 환경에너지공학부 명예교수)

가나출판사

| 머 리 말 |

## 우리 함께 지구를 지키는
## '환경 지킴이'가 되어 보아요

　지구가 자꾸 아프다고 하지요? 옛날 어르신들은 모두 "예전엔 환경이 참 좋았는데……."라고 하시고요.
　그래요, 쉴 틈 없이 발전만 거듭하면서 지금까지 사람들이 지구를 자꾸 힘들게 하고, 많이 망가뜨렸어요. 그런데 지금의 지구 모습조차도 볼 수 없다면 어떨까요? 여러분들의 아이들의 아이들이 지금의 지구를 말로만 듣게 된다면 참 불쌍하겠죠?
　'우리의 미래를 위해서 지구를 아끼고 사랑해야 하는 거구나!'라는 생각이 무척 중요하답니다. 친구들과도 '지구가 위험하니까 지구를 지키자!'라는 것보다 '이 아름다운 지구를 우리가 보호하자!'라고 이야기를 하는 것이 더 좋답니다.
　선생님은 결혼을 하고 아이를 낳으면서 환경 공부를 늦게 시작했어요. '내 아이들이 건강하고 아름답게 사는 세상을 위해서 환경 공부를 해야지!'라고 결심했거든요.
　이 책은 환경에 관심 있는 어린이라면 매우 도움이 되는 환경 이야기의 모든 것입니다. 지구 환경 문제를 바라보는 생각을 열어 주고 대기 오염, 지구 온난화, 물 오염, 생

　태계 파괴, 쓰레기와 생활 오염, 에너지, 먹을거리에 이르는 전반적인 환경 문제를 분류하고 정리하여 환경 문제의 모든 것을 머리에 쏙 들어오게 하였어요. 더불어 환경 문제 해결을 위한 고민을 함께해 보고, 환경 문제를 위해 애쓰는 환경 단체도 소개하고 있어요.

　이 책을 펼치는 순간! 여러분의 마음속에 넓은 아프리카 초원도 펼쳐지고 뒷산의 풀 한 포기, 소쩍새 한 마리와도 친구가 될 수 있어요.

　여러분이 이제부터는 지구 환경 지킴이가 되어 줄 테니까요!

허정림

| 차례 |

머리말 · 4

## 1장 환경 이야기 · 10

환경이 뭐예요? · 12
환경이 파괴되고 있어요 · 14
환경 문제는 왜 생겼나요? · 16
**환경 지식 플러스 | 지도로 보는 세계 환경 사건 사고 · 18**

## 2장 대기 오염 이야기 · 20

생물이 살아가려면 공기가 필요해요 · 22
공기가 오염되고 있어요 · 24
오염된 공기는 사람의 건강을 해쳐요 · 26
안개처럼 보이지만 스모그예요 · 28
봄의 불청객, 황사가 불어와요 · 32
오존층이 파괴되고 있어요 · 34
하늘에서 산성비가 내려요 · 36
높은 건물이 바람을 막아요 · 38
**환경 지식 플러스 | 숫자와 그래프로 보는 대기 오염 · 40**

## 3장 지구 온난화 이야기 · 42

온실 효과가 뭐예요? · 44
지구가 빠르게 더워지고 있어요 · 46
지구 온난화가 인류를 위협해요 · 48

엘니뇨와 라니냐가 뭐예요? · 50
지구 온난화를 함께 막아요 · 52
환경 지식 플러스 | 숫자와 그래프로 보는 지구 온난화 · 54
환경 지킴이 | 탄소 발자국을 줄이자 · 56

## 4장 물 오염 이야기 · 58

물은 많은 일을 해요 · 60
물이 부족하다고요? · 62
물 때문에 싸운다고요? · 64
물! 왜 더러워진 거예요? · 68
바닷물 오염도 심각한가요? · 70
소리 없는 바다의 경고, 적조 현상과 부영양화 · 72
물이 아프면 사람도 아파요 · 74
물이 살아나요 · 76
환경 지식 플러스 | 숫자와 그래프로 보는 물 부족 현상 · 80
환경 지킴이 | 물 오염을 막자 · 82

## 5장 생태계 파괴 이야기 · 84

동식물이 사라지고 있어요 · 86
열대 우림이 위험해요 · 90
땅이 사막으로 바뀌고 있어요 · 92
습지가 살아야 생물도 살아요 · 94

지구의 희망, 나무를 심어요 · 96
**환경 지식 플러스** | 숫자와 지도로 보는 멸종 위기 동식물 · 98

## 6장 | 쓰레기와 생활 오염 이야기 · 100

쓰레기의 종류에는 무엇이 있나요? · 102
내가 버린 쓰레기는 어떻게 되나요? · 104
쓰레기를 태우면 어떤 문제가 있나요? · 106
쓰레기를 묻으면 환경이 훼손돼요 · 110
쓰레기를 수출한다고요? · 112
쓰레기를 줄이려면 어떻게 해야 하나요? · 114
집 안에도 유해 물질이 있어요 · 118
소음도 보이지 않는 오염이에요 · 122
**환경 지식 플러스** | 숫자와 그래프로 보는 생활 오염 · 124
**환경 지킴이** | 생태 발자국을 줄이자 · 126

## 7장 | 에너지 이야기 · 128

에너지 자원이 뭐예요? · 130
화석 연료가 점점 줄고 있어요 · 132
원자력 에너지는 얼마나 위험한가요? · 134
희망 에너지! 신재생 에너지가 뭐예요? · 136
**환경 지식 플러스** | 숫자와 그래프로 보는 에너지 · 138
**환경 지킴이** | 에너지를 절약하자 · 140

## 8장 먹을거리 이야기 · 142

왜 햄버거를 많이 먹으면 안 돼요? · 144
왜 식품 첨가물을 넣어요? · 146
유전자 재조합 식품이 뭐예요? · 150
친환경 농산물이 왜 필요할까요? · 152
굶주려 죽어 가는 아이들을 같이 살려요 · 154
**환경 지식 플러스 | 숫자와 지도로 보는 먹을거리 · 158**
**환경 지킴이 | 건강하게 먹기 · 160**

## 9장 환경 문제 해결을 위한 노력 · 162

환경에 대한 생각을 바꿔야 해요 · 164
지속 가능한 발전과 녹색 성장 · 166
세계의 생태 도시 · 170
배려와 나눔으로 환경을 지켜요 · 172
**환경 지식 플러스 | 기념일로 보는 환경 · 174**
**환경 지킴이 | 환경을 지키는 모임 · 176**

사진 출처 · 178
찾아보기 · 179

# 1장
# 환경 이야기

지구에 있는 모든 생물은 지구라는 환경 속에서

서로 영향을 주고받으며 살고 있어요.

사람도 마찬가지예요. 그런데 사람들은 환경의 소중함을 모르고,

함부로 대해요. 천연자원을 마구 개발하고,

배기가스 같은 오염 물질을 배출하지요.

환경이 파괴되면 사람들의 삶도 파괴될 수 있기 때문에

환경을 잘 보전해야 해요.

환경 이야기

# 환경이 뭐예요?

'환경은 이것이다.'라고 콕 집어 말하기는 어려워요. 환경은 우리 주변의 모든 것을 뜻하기 때문이에요. 다시 말해서 사람을 비롯해 지구에 있는 모든 생물의 주위를 둘러싸고 영향을 주고받는 모든 것을 뜻해요.

좁은 의미로 환경을 말할 때는 자연환경을 뜻해요. 자연환경은 우리 주변에서 볼 수 있는 공기, 물, 토양, 식물, 동물과 같이 사람과 더불어 함께하는 환경이에요. 바람, 구름, 비와 같은 자연 현상도 모두 자연환경에 속한답니다. 사람들은 먹을 것, 입을 것, 살 곳 등 생활에 필요한 모든 것을 자연환경에서 얻어요. 밥상에 올라오는 음식은 땅이나 바다에서 얻은 식물과 동물로 만든 것이고, 우리가 입는 옷도 대부분 식물에서 뽑은 실과 동물의 털이나 가죽으로 만든 것이지요. 자연환경은 곧 우리 삶의 근원이자 무대랍니다. 자연이 없으면 사람은 하루도 살 수 없지요.

자연환경

인공 환경

인공 환경은 주택, 공장, 도로, 차량과 같이 사람들이 만들어 낸 환경을 말해요. 도시와 경제, 그리고 과학 기술이 발전하면서 사람들은 점점 더 많은 인공 환경을 만들어 냈어요. 물길을 막고 산을 깎아 도로를 만들고 건물을 건설해서 사람이 더 편리한 생활을 할 수 있게 되었지요. 하지만 오로지 사람을 위해서 자연을 개발하고 천연자원을 마구 썼기 때문에 자연환경이 많이 파괴되었답니다.

이 밖에 법과 규범 같은 생활 속 환경도 있어요. 사람이 좋은 환경에서 지내려면 법과 규범을 잘 지키는 것도 중요해요.

### 사람이 만든 지구, 바이오스피어2

바이오스피어2는 지구와 최대한 비슷한 환경을 만든 실험장이다. 1만 2700㎡ 정도의 땅에 열대 우림, 사막, 바다, 습지 등의 자연환경과 농경지, 거주지 등의 인공 환경을 갖추었다. 그리고 그곳에서 남녀 참가자 8명이 바깥과 교류를 끊고 자급자족 생활을 하도록 했다. 그렇다면 실험 결과는? 참가자들이 생활한 지 얼마 지나지 않아 이산화탄소가 증가하고, 산소가 부족해졌다. 이 때문에 기후는 변하고 바이오스피어2 안의 생태계는 파괴되었다. 또한 참가자들은 신체뿐만 아니라 정신적인 고통을 겪어야 했다. 이 실험을 통해 우리가 사는 지구의 환경이 파괴된다면, 사람의 힘으로는 회복시키기 어렵다는 것을 알 수 있었다.

바이오스피어2의 전체 모습

# 환경이 파괴되고 있어요

산업이 발달하면서 환경 문제가 나날이 심각해지고 있어요. 환경 문제는 공기, 물, 토양, 생태계 파괴 등의 문제뿐만 아니라 그 원인이 되는 쓰레기, 생활 오염, 에너지, 먹을거리 문제 등을 모두 포함해요.

자동차에서 나오는 배기가스와 공장의 굴뚝에서 나오는 매연은 사람과 동물, 농작물에 해를 입히고, 지구의 온도를 높여서 기후를 변화시키는 원인이 돼요. 물의 오염도 심각한 문제예요. 공장의 폐수와 생활 하수가 강과 지하수를 오염시켜서 사람들이 마실 물이 점점 줄어들고 있어요. 사람이 곧바로 피해를 입지는 않지만 토양 오염과 생태계 파괴도 심각한 문제예요. 오염된 땅에서 자란 식물을 먹으면 우리 몸에도 이상이 생겨요. 또 숲이 줄어들고 동식물이 사라진다면 사람도 살 수가 없지요.

쓰레기는 토양과 물, 공기를 오염시키고, 자연을 해치는 주범이에요. 게다가 쓰레기를 처리하는 데는 많은 돈과 에너지가 낭비되지요. 에너지 문제 역시 빨리 해결해야 할 과제예요. 석유와 석탄, 가스 등의 자원은 남아 있는 양이 많지 않고, 원자력 에너지는 사고가 나면 사람들에게 커다란 해를 입힐 수 있으므로 조심해야 해요. 화학조미료가 들어간 음식물, 유전자 재조합으로 생산된 먹을거리도 문제가 될 수 있어요.

환경 문제는 따로따로 떨어져 있지 않고, 서로 연결되어 영향을 주고받아요. 예를 들어 대기 오염 때문에 발생한 산성비는 물과 토양을 오염시키고, 오염된 물과 토양에서 자란 물고기나 식물에 오염 물질이 쌓여요. 그렇게 오염된 물고기나 식물을 사람이 먹으면 건강에 이상이 생기지요. 이처럼 환경 파괴로 인한 피해는 그대로 우리에게 돌아온답니다.

# 환경 문제는 왜 생겼나요?

물, 공기, 토양 등 자연환경은 더러워지더라도 어느 정도는 스스로 깨끗해지는 능력이 있어요. 이처럼 원래 자연 상태로 되돌아가는 힘을 '자정 작용'이라고 해요. 하지만 스스로 깨끗해지는 힘으로는 부족할 정도로 자연환경이 더러워지면 환경 오염이 발생하지요.

사람들은 아주 오랜 옛날부터 살아가는 데 필요한 모든 것을 자연에서 얻었어요. 쓰레기가 생기고 오염 물질이 있었지만 자연 스스로 깨끗해질 수 있을 정도였지요. 오늘날처럼 사람들이 많이 살지 않았고 산업과 교통수단이 발달하지 않아서 환경 문제가 지금처럼 심각하지 않았거든요.

환경 문제는 사람들이 도시에 모여 살면서 시작됐어요. 1760년 이후에 영국에서 산업 혁명이 일어나면서, 산업화로 인한 환경 문제가 점점 심각해지기 시작했지요.

산업 혁명으로 공장이 점차 늘어나고 사람들이 도시로 더 많이 모여들었어요. 공장에서 석탄을 태울 때 나오는 오염 물질이 하늘에 가득 퍼지고 공장과 가정에서 나오는 쓰레기와 오염된 물이 강물을

1832년 런던 거리를 그린 그림

더럽혔지요. 그때까지 사람들은 자연을 마음대로 해도 되는 것으로 생각했어요. 결국 자연은 스스로 깨끗해지는 힘을 잃어 갔고 환경 오염이 심각해지면서 그 피해가 사람들에게 고스란히 되돌아왔지요.

1950년대 이후에야 사람들은 환경 문제에 관심을 갖기 시작했어요. 하지만 편리하고 풍족하게 살기 위해 여전히 자연환경을 함부로 이용하고 있어요. 또 계속되는 인구 증가로 환경 문제는 날로 심각해지고 있지요.

지구에 있는 생명체 가운데 환경 문제를 일으키는 가장 위험한 존재는 바로 사람이라는 점을 기억해야 해요.

### 지금 환경 위기 시계는 몇 시 몇 분?

환경 위기 시계는 환경 파괴로 인해 인류가 멸망에 얼마만큼 가까워졌는지를 시간으로 나타낸 것이다. 해마다 환경재단이 환경 전문가들에게 설문 조사를 실시해 인류 생존의 위기감을 0~12시 사이의 시간으로 표시한다. 12시는 인류의 멸망을 뜻한다. 현재 우리나라를 포함하여 전 세계의 환경은 매우 불안한 상태이다.

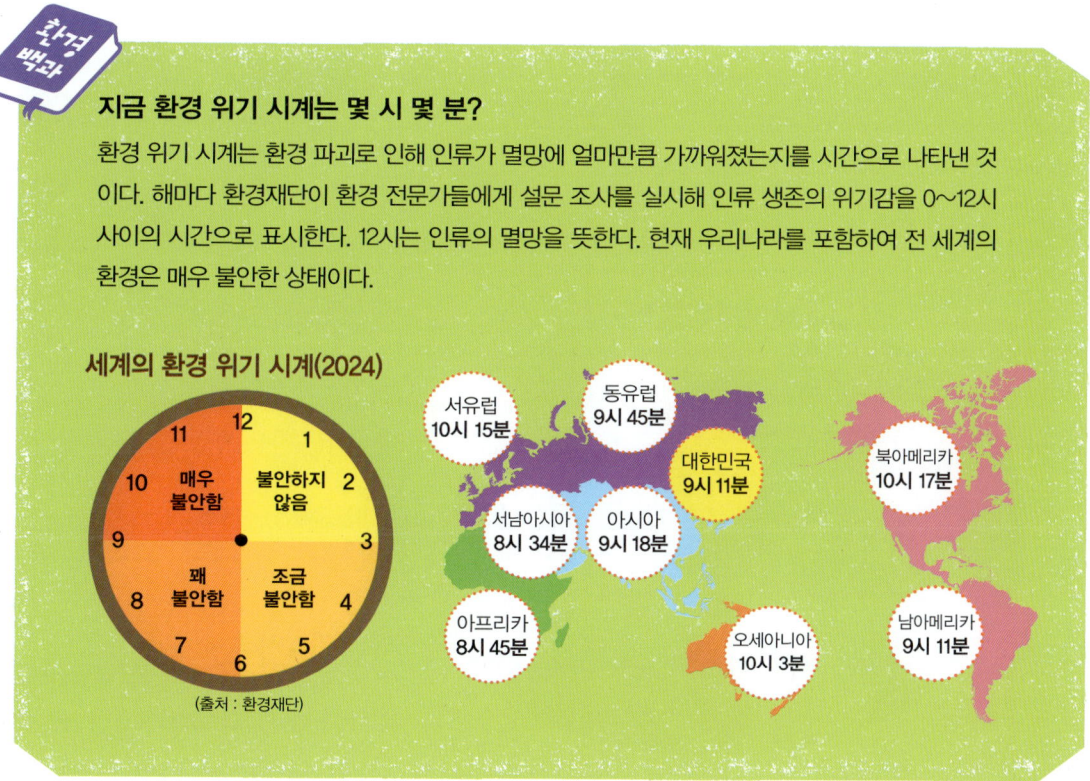

세계의 환경 위기 시계(2024)

서유럽 10시 15분
동유럽 9시 45분
대한민국 9시 11분
북아메리카 10시 17분
서남아시아 8시 34분
아시아 9시 18분
아프리카 8시 45분
오세아니아 10시 3분
남아메리카 9시 11분

(출처: 환경재단)

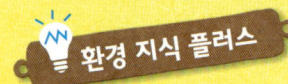

# 지도로 보는 세계 환경 사건 사고

산업 혁명 이후 지금까지 수많은 환경 사건 사고가 발생했어요.
어떤 사건 사고가 있었는지 알아볼까요?

### 체르노빌 원자력 발전소 사고
1986년 소련(지금의 우크라이나)의 체르노빌 원자력 발전소에서 폭발 사고가 일어났다. 이때 방사능 물질이 유출되어 70만 명이 치료를 받았다.

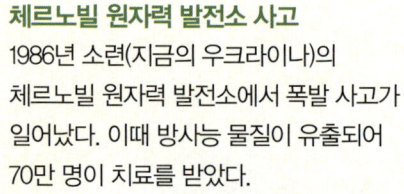

### 런던 스모그 사건
1952년 영국 런던에서 최악의 스모그가 발생하여 5일 동안 4,000여 명이 사망했다.

### 보팔 독가스 사고
1984년 인도 보팔에 있는 살충제 공장에서 독가스가 새어 나와 3,700여 명이 사망했다.

### 멕시코 만 기름 유출 사고
2010년 미국 멕시코 만에서 석유 탐사 시설이 폭발하여 5개월 동안 어마어마한 양의 기름이 바다로 흘러들어갔다. 이때 기름띠가 6,500㎢ 넓이의 바다를 덮었다.

### 러브커넬 토양 오염 사고
1978년 미국의 러브커넬이 환경 재난 지역으로 선포되고, 마을이 폐쇄되었다. 미국의 후커 화학 회사가 1942년부터 10년 동안 땅에 묻은 유독성 산업 폐기물 때문에 일어난 일이다.

### 후쿠시마 원자력 발전소 사고
2011년 일본 토호쿠 지방 앞바다에서 일어난 지진과 지진 해일로 인해 후쿠시마 원자력 발전소가 멈추었다. 이로 인해 원자로가 파괴되어 히로시마 원자폭탄보다 160배가 넘는 방사능이 새어 나와 주민들이 대피했다.

### 태안 기름 유출 사고
2007년 우리나라 태안 앞바다에서 유조선과 크레인이 충돌하였다. 이로 인해 12,547kL의 기름이 바다로 흘러들어 바다가 오염되었다.

# 2장 대기 오염 이야기

우리는 언제나 숨을 쉬어요. 숨을 쉬지 않으면 죽기 때문이에요. 그럼 숨을 쉰다는 것은 무엇일까요? 공기를 들이마시고 내쉬는 것이지요. 공기는 우리 눈에 보이지 않지만 지구를 둘러싸고 있어요. 이것을 '대기'라고 해요. 대기 덕분에 지구에 생명체가 살 수 있는 거예요. 그런데 사람들이 공장을 짓고, 자동차를 만들고, 석탄과 석유를 연료로 쓰면서 점점 대기가 더럽혀졌어요. 이제 대기 오염 때문에 사람들의 건강뿐만 아니라 생태계 전체가 위협을 받고 있지요.

대기 오염의 주범은 화석 연료란다.

# 생물이 살아가려면 공기가 필요해요

사람은 숨을 쉬지 않고는 살 수 없어요. 물은 일주일, 음식은 한 달 동안 먹지 않아도 살 수 있지만 공기는 단 3분만 마시지 못해도 죽는다고 해요. 사람뿐 아니라 지구의 모든 생물은 숨을 쉬어야 살 수 있어요.

그럼 생물에게 이렇게 중요한 공기란 무엇일까요?

공기는 지구 대기를 이루는 여러 기체의 혼합물이에요. 공기에는 질소 78%와 산소 21%가 포함되어 있어요. 나머지 1%는 아르곤, 네온, 이산화탄소, 오존 같은 여러 종류의 기체로 구성되어 있지요.

먼저 공기 중의 산소는 생물이 숨을 쉬는 데 반드시 필요해요. 또 공기

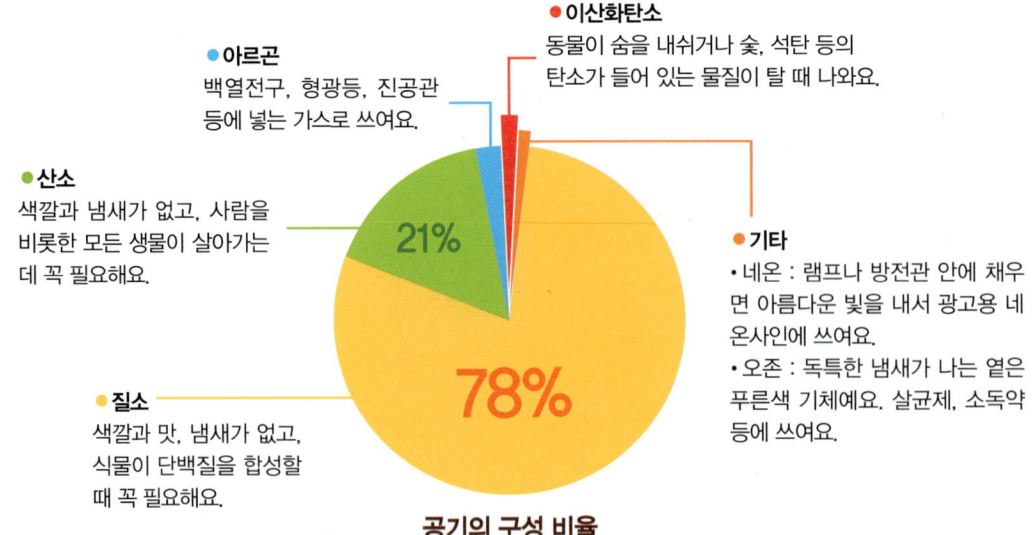

공기의 구성 비율

는 태양에서 나오는 빛과 열을 생물이 살아가는 데 필요한 만큼만 지구에 들어오도록 조절해요. 예를 들어 태양에서 나오는 빛 중의 하나인 자외선은 세균을 죽이는 역할도 하지만 너무 넘치면 사람의 피부나 식물의 잎을 검게 태워요. 이 자외선이 지구로 너무 많이 들어오지 못하게 막아 주는 것도 공기예요. 공기는 우주에서 날아오는 운석 등의 물체가 지구에 닿기 전에 태워 없애고, 소리와 냄새를 전달해 주는 역할도 하지요.

이처럼 지구의 모든 동식물은 공기 덕분에 알맞은 환경에서 살아가는 것이랍니다.

 대기 오염 이야기

# 공기가 오염되고 있어요

1760년 이후에 유럽에서 일어난 산업 혁명으로 공장에서 대량 생산이 가능해지고, 기차와 자동차 등의 교통수단이 발달하면서 사람들의 생활 모습이 크게 달라졌어요.

산업과 교통이 발달하자 공기를 더럽히는 미세 먼지, 이산화황, 일산화탄소, 질소산화물 등이 늘어났어요. 공장과 발전소에서 석유나 석탄을 태우면 매연이 나와요. 휘발유나 경유를 연료로 쓰는 자동차는 배기가스를 내뿜지요. 매연과 배기가스에는 대기 오염의 주범인 일산화탄소와 질소산화물이 들어 있어요. 기름이나 석탄을 사용하는 난방 시설에서는 이산화황이, 도로와 건물을 지을 때는 미세 먼지가 만들어지지요.

이로 인한 대기 오염은 생태계를 위협할 정도로 심각해요. 특히 대도시의 경우, 자동차 때문에 생기는 대기 오염이 심각한 문제지요. 자동차가 내뿜는 배기가스는 대기를 오염시킬 뿐만 아니라 스모그와 산성비를 만들어 내서 물과 땅도 오염시켜요.

사람들이 만든 인공 환경은 편리함을 가져다주었지만 심각한 대기 오염을 일으켰어요. 물론 화산 폭발이나 모래 먼지 등 자연환경 때문에 대기가 오염되기도 하지만 사람들이 만든 오염보다는 훨씬 적어요.

자동차에서 뿜어져 나오는 배기가스

### 구미의 불산 가스 누출 사고

2012년 경상북도 구미 4공단에서 뿜어져 나온 8톤가량의 불산(불화수소) 가스가 인근 마을을 덮쳤다. 이 사고로 5명이 죽고, 18명이 다쳤다. 사고 원인은 평소 공장에서 가스 밸브를 잠그지 않은 채 작업을 하는 등 안전 수칙이 제대로 지켜지지 않았기 때문이었다. 이 사고로 구토와 발진 등을 호소하는 주민과 공장 직원 2,000여 명이 치료를 받았고 가축은 죽고 농작물은 시들었다. 이처럼 유해 물질로 인한 대기 오염은 사람과 생태계에 미치는 영향이 매우 크다.

불산 가스 때문에 말라 버린 포도나무

대기 오염 이야기

# 오염된 공기는 사람의 건강을 해쳐요

사람은 물론 지구상의 모든 생명체가 건강하게 살아가려면 깨끗한 공기를 마셔야 해요. 하지만 공기는 물이나 음식과 달리 골라서 마실 수가 없어요. 그래서 오염된 공기는 모든 생명체에 더 심각한 영향을 미쳐요.

오염된 공기는 사람의 건강을 해쳐요. 대기 오염 물질 가운데 미세 먼지가 몸속에 많이 들어오면 기관지에서 걸러지지 않고 폐로 들어가요. 폐에 미세 먼지가 들어가면 가슴이 아프고 기침과 열이 나는 기관지염이나 폐렴 같은 병에 걸릴 수도 있어요. 이산화황은 호흡기 세포를 파괴하거나 몸의 저항력을 약화시키지요.

공기가 오염되면 어린이들이 가장 많이 피해를 입어요. 특히 공기가 좋

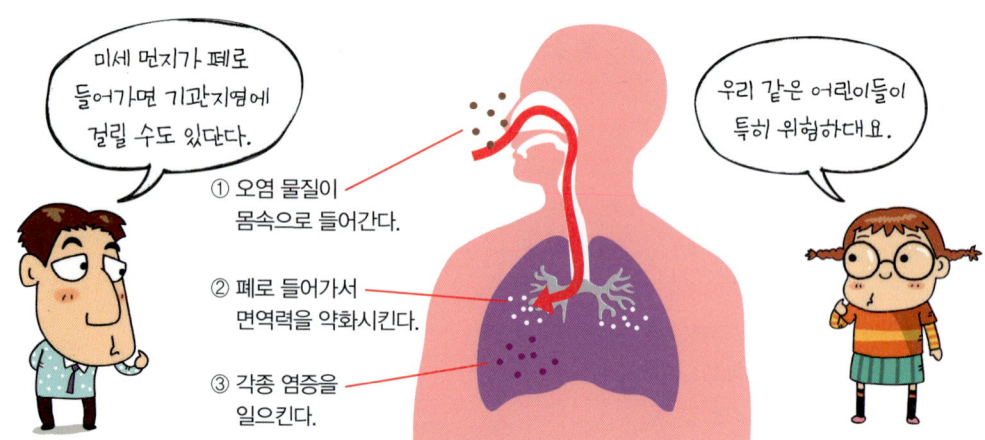

대기 오염이 질병을 일으키는 과정

지 않은 대도시에서는 숨이 가쁘고 기침이 나는 천식이나 피부 질환인 아토피를 앓는 어린이들이 많아요. 동물들도 오염된 공기를 마시면 호흡기 질환에 걸려 고통을 받아요. 또 식물은 꽃과 잎이 시들고 심하면 말라 죽기도 해요. 열매도 잘 맺지 못해서 곡식의 수확량이 줄지요.

오염된 공기는 기후에도 영향을 미쳐요. 특히 인구의 급격한 증가와 산업의 발전으로 계속 늘어나고 있는 이산화탄소가 가장 큰 문제예요. 이산화탄소는 지표면의 열이 대기 밖으로 빠져나가지 못하게 해요. 늘어난 이산화탄소 때문에 지구의 온도가 점점 높아지고 있어요.

공기에는 국경선이 없어요. 오염된 공기는 전 세계를 떠돌아다녀요. 우리만 공기를 깨끗이 만든다고 해서 공기 오염 문제가 해결되지 않아요. 더 이상 공기가 오염되지 않도록 전 세계가 함께 노력해야 해요.

### 환경 사건 사고

**숨 쉬기도 힘든 멕시코시티**

1987년 2월 멕시코시티에서 새가 갑자기 떼죽음을 당하는 사건이 일어났다. 죽은 새를 조사한 결과 납, 카드뮴, 수은 같은 중금속에 중독된 것이 밝혀졌다. 멕시코시티는 해발 2,200m 고원에 위치하고 있어 산소가 적은 데다 인구가 많다 보니 중금속이 섞인 먼지가 하루에 40톤이나 떠다닌다. 그 뒤 멕시코 정부에서 다양한 정책을 펼쳐 당시보다는 나아졌지만 지금도 30분만 거리에 서 있으면 매연 때문에 머리가 아플 정도로 멕시코시티의 대기 오염은 심각하다.

각종 매연으로 뿌연 멕시코시티의 하늘

대기 오염 이야기

# 안개처럼 보이지만 스모그예요

스모그(smog)는 연기(smoke)와 안개(fog)가 합쳐져서 생긴 말로, 오염된 공기가 안개와 함께 한곳에 머물러 있는 상태를 뜻해요. 자동차에서 나오는 배기가스, 석탄을 태우면 나오는 이산화황과 일산화탄소 등이 안개나 햇빛과 만나 스모그를 일으켜요. 스모그는 바람이 불지 않거나 대기의 아래층에 찬공기가 있고, 위층에 따뜻한 공기가 있을 때 발생하기 쉬워요.

스모그가 발생하면 하늘이 뿌옇고, 볼 수 있는 거리가 짧아져 대기 오염이 심하다는 사실을 눈으로 확인할 수 있어요. 동물은 호흡기 질환에 걸리기 쉽고, 식물은 말라 죽을 수도 있어요.

1952년에 심각한 스모그가 발생했던 런던

### 런던형 스모그

스모그는 크게 두 가지로 나뉘는데, 먼저 '런던형 스모그'가 있어요. 런던형 스모그는 공장이나 가정의 난방 시설에서 나오는 오염 물질로 만들어지는 검은색 스모그예요. 주로 겨울철에 나타나지요. 1952년에 영국 런던에서 발생한 스모그 때문에 많은 사람이 죽은 사건에서 유래했지요.

영국은 근대적인 산업이 제일 먼저 발달한 나라예요. 수도 런던에서는 이산화황이 많이 배출되는 석탄을 산업용 연료와 난방용 연료로 사용하면서 대기가 심각하게 오염됐지요. 대기 오염이 계속되면서 런던은 오랫동안 짙은 안개로 악명을 떨쳤어요. 런던에 햇빛이 비치는 양이 주변 도시에 비해 40%나 적을 정도였어요.

그러다 결국 1952년에 엄청난 스모그가 발생했어요. 사람들은 눈에 염증이 생기고 숨을 쉴 수 없게 됐어요. 이로 인해 5일 만에 4,000여 명이 죽고, 이듬해 봄까지 1만 2000여 명이 죽었어요.

### 로스앤젤레스형 스모그

또 하나의 스모그는 '로스앤젤레스형 스모그'예요. 로스앤젤레스형 스모그는 '광화학 스모그'라고도 하는데, 자동차 배기가스 때문에 생기는 스모그예요. 즉, 자동차 배기가스에서 나오는 이산화질소와 탄화수소가 자외선과 반응해 유독한 화합물인 오존을 만드는데, 이 오존이 로스앤젤레스형 스모그를 일으켜요.

로스앤젤레스형 스모그는 주로 여름철에 발생하며, 황갈색을 띠어요. 공기 중에 오존이 많아 머리가 아프고, 눈이 쓰리며, 호흡기에 염증이 생기기도 하지요. 1940년대에 미국 로스앤젤레스에서 발생한 스모그에서 유래했어요.

### 우리나라의 스모그

우리나라에서는 두 가지 유형의 스모그가 모두 발생해요. 겨울철과 봄철에는 주로 런던형 스모그가 발생하고, 여름철에는 주로 로스앤젤레스형 스모그가 발생하지요. 서울에서는 두 가지가 합쳐진 형태의 스모그가 나타나기도 해요. 서울에 스모그를 일으키는 원인이 복합적으로 존재하기 때문이지요. 그래서 스모그가 발생하면 서울 하늘은 주로 회색을 띤답니다.

　스모그가 발생했을 때 호흡기 질환을 예방하려면 되도록 바깥 활동을 하지 않아야 해요. 외출을 할 때는 마스크를 쓰고, 집에 돌아오면 손을 깨끗이 씻고 양치질을 해야 하지요. 또 실내를 청결하게 하고, 물을 많이 마시는 것이 도움이 된답니다.

스모그로 희뿌연 서울의 하늘

### 벨기에 뫼즈 계곡의 스모그 사건

1930년 12월에 벨기에의 전 지역이 스모그로 뒤덮였다. 특히 제철, 금속, 유리 공장이 있던 뫼즈 계곡의 스모그가 가장 심했다. 계곡 주변의 공장에서 사용한 화석 연료의 매연이 안개와 결합했기 때문이다. 3일 동안 계속된 스모그로 60여 명이 죽고, 6,000여 명이 통증을 호소했는데, 심장이나 폐에 이상이 있는 노인들의 피해가 컸다.

뫼즈 강변에 늘어선 주택과 공장

### 미국의 도노라 스모그 사건

1948년 미국 펜실베이니아 주에 있는 도노라에 스모그가 발생했다. 6,000여 명이 기침, 호흡 곤란, 두통, 구토 등의 증세를 보이고, 20여 명이 죽었다. 도노라는 연안 지역을 따라 아연 공장과 제철소가 늘어선 공장 지대로, 안개가 자주 꼈다. 공장에서 배출하는 오염 물질과 대기 오염 물질이 만나 강력한 스모그를 발생시킨 것이다.

스모그가 발생한 도노라

대기 오염 이야기

# 봄의 불청객, 황사가 불어와요

해마다 1월에서 5월 사이에 어김없이 우리나라에 찾아오는 불청객이 있어요. 바로 황사예요. 황사는 중국과 몽골의 사막 지대에서 불어오는 누런 흙먼지를 말해요.

황사에는 납과 카드뮴 등 해로운 중금속 성분이 섞여 있어요. 황사가 일어날 때 부는 강한 바람은 피부의 수분을 빼앗아 가지요. 또 흙먼지가 피부에 달라붙으면 알레르기 반응을 일으킬 수 있어요. 이뿐만 아니고 흙먼지는 알레르기성 비염, 천식과 폐 질환 등의 병을 일으키고, 눈이 충혈되고 눈곱이 끼는 안과 질환을 유발해요.

황사가 있는 날에는 외출을 삼가는 것이 좋아요. 외출을 해야 할 경우에는 황사 전용 마스크와 눈 보호 안경을 쓰고, 긴소매 옷을 입어야 해요. 외출 전에는 로션을 발라 황사가 피부에 직접 들러붙지 않게 하고, 집에 돌아온 뒤에는 꼭 온몸을 깨끗하게 씻어야 한답니다.

황사 현상이 자주 일어나는 건 중국과 몽골의 사막화가 매우 빠른 속도로 진행되고 있기 때문이에요. 중국과 몽골에서 발생한 황사는 우리나라는 물론 일본까지 피해를 주어요. 심지어 미국의 로스앤젤레스까지 먼지가 날아간다고 해요. 황사 문제를 해결하기 위해 우리나라에서도 중국과 몽골의 사막에 나무를 심는 운동을 하고 있답니다.

대기 오염 이야기

# 오존층이 파괴되고 있어요

오존층은 지면에서 20~30㎞ 정도 높이에 있는 대기층으로, 오존이라는 기체가 많이 모여 있는 곳이에요. 오존층은 태양에서 지구에 도달하는 해로운 자외선을 막아 사람과 생태계를 보호해요. 만약에 자외선이 곧바로 내리쬔다면 피부가 붓고, 심하면 피부암이 생기기 때문에 마음 놓고 햇볕을 쬘 수가 없을 거예요.

이렇게 중요한 오존층이 파괴되고 있어요. 바로 염화플루오린화탄소(프레온) 때문이에요. 염화플루오린화탄소는 염소, 플루오린, 탄소의 화합물로, 냉장고와 에어컨의 냉매, 헤어스프레이 등을 만들 때 사용해요.

현재 남극의 오존층은 반이 파괴되었고, 칠레와 아르헨티나 남부의 오존층도 많이 얇아졌어요. 이 때문에 해로운 자외선이 증가하여 사람들이 피부암에 걸리거나 백내장, 결막염 같은 안과 질환에 걸릴 확률이 높아졌지요. 특히 칠레의 푼타아레나스에서는 여름이면 어린이 백내장 환자가 증가하고, 피부암 환자도 급속하게 늘어나는 등 피해가 심각해요.

오존층 파괴는 동식물에게도 피해를 입히고 있어요. 농작물이 말라 죽고, 물고기의 알이나 갑각류의 새끼처럼 자외선에 크게 영향을 받는 해양 생물이 죽어 가고 있답니다. 결국 식량이 부족해질 수도 있어요.

오존층이 얇아져 보라색으로 찍힌 남극 하늘

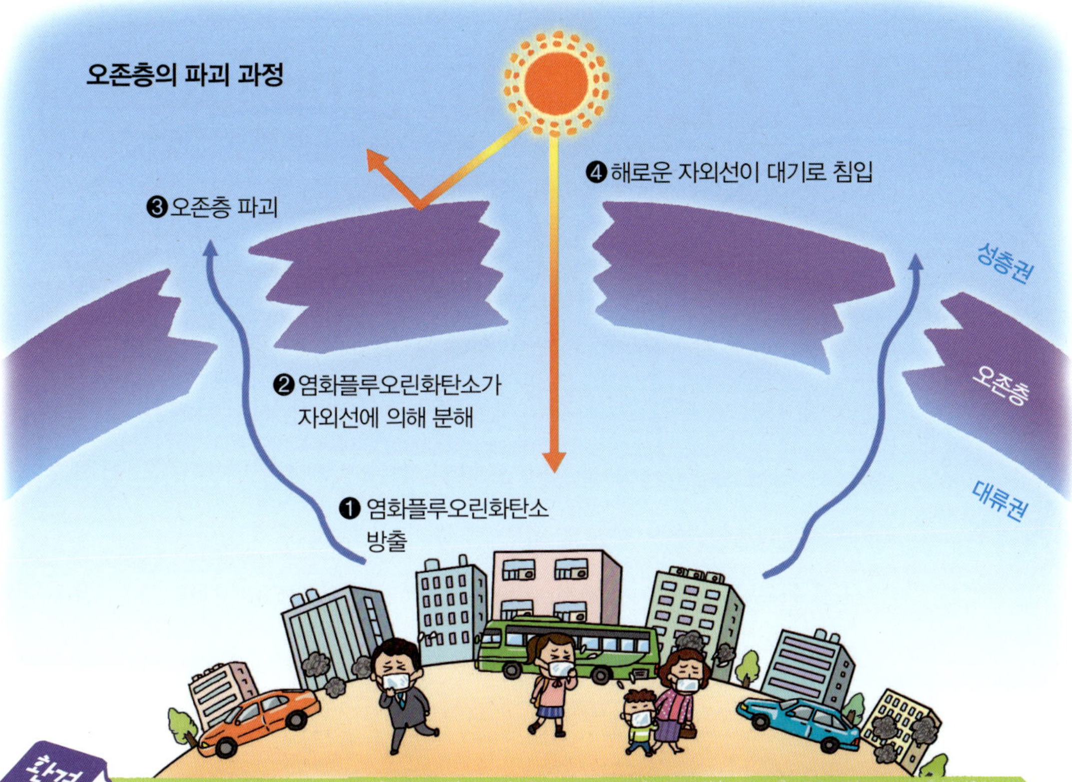

## 오존층의 파괴 과정

❸ 오존층 파괴

❹ 해로운 자외선이 대기로 침입

❷ 염화플루오린화탄소가 자외선에 의해 분해

❶ 염화플루오린화탄소 방출

성층권
오존층
대류권

### 대기 중에 있는 오존의 농도를 알려 주는 오존 경보제

오존 경보제는 대기 중에 오존 농도가 얼마나 높은지를 알려 주는 제도이다. 오존의 농도는 'ppm'이라는 단위를 사용하는데, 오존이 전체 공기 중에 100만 분의 몇을 차지하는지를 나타낸 것이다. 특히 여름철 한낮에는 차가 많은 도심의 오존 농도가 높다. 주의보 단계는 오존 농도가 0.12ppm 이상일 때로, 밖에 나가서 놀거나 운동을 하면 눈과 코가 따갑고, 머리가 아프다. 경보 단계는 0.3ppm 이상일 때로, 이때는 호흡이 곤란하고 시력이 나빠진다. 중대 경보 단계는 0.5ppm 이상일 때로, 폐와 기관지 기능이 나빠진다. 따라서 오존 경보가 내리면 가능한 한 외출을 하지 않는 것이 좋다. 특히 어린이와 노인은 절대 외출을 하면 안 된다.

오존 경보제 표시 전광판

대기 오염 이야기

# 하늘에서 산성비가 내려요

불과 40년 전만 해도 비가 오면 빗물을 받아 머리를 감고, 식수로도 썼어요. 하지만 지금은 비나 눈을 함부로 먹으면 안 돼요. 오히려 비를 맞으면 대머리가 된다고 걱정하지요. 바로 산성비 때문이에요. 산성비는 황산과 질산 같은 산성 물질에 오염된 비를 말해요. 보통 비는 약한 산성을 띠지만 산성 물질에 오염되면 산성이 더욱 강해져요.

산성 물질은 자동차, 공장, 발전소 등에서 석탄이나 석유 같은 화석 연료를 태울 때 나오는 이산화황과 질소산화물이 공기 중의 수증기에 녹아 만들어져요. 이렇게 만들어진 산성 물질이 빗물이 되어 땅으로 떨어지는 것이 바로 산성비랍니다.

산성비는 사람들이 많이 사는 도시나 공장이 많은 지역에 자주 내려요. 점점 비의 산성 정도가 강해지고, 산성비가 내리는 지역이 더 넓어져서 문제가 되고 있지요. 산성비가 내려 땅이 산성화되면 식물이 잘 자라지 않아요. 산성비가 강과 호수를 오염시키면 물고기를 비롯한 물속 생물이 피해를 입어요. 이뿐만 아니라 탑이나 동상, 건축물이 부식돼요.

산성비가 내리지 않게 하려면 이산화황과 질소산화물의 배출을 가능한 한 줄여야 해요. 그러려면 우선 자동차의 배기가스를 줄이려는 노력이 필요해요. 산업체에서도 굴뚝에서 나오는 이산화황과 질소산화물 같은 오염 물질을 줄이는 방법을 찾아야 해요.

대기 오염 이야기

# 높은 건물이 바람을 막아요

바람은 세상 여기저기를 다니면서 자유롭게 산소를 전달하고 더러운 물질을 걷어 내어 주는 고마운 자연 공기 청정기예요. 그런데 바람은 도시에서는 무질서하게 세워진 빌딩과 아파트, 복잡한 도로에 바람길이 막혀 마음대로 다닐 수 없어요. 이렇게 바람이 빌딩의 숲에 갇히면 공기가 순환하지 못해 오염 물질이 계속 쌓이고, 기온이 올라가지요. 특히 도시의 중심부에서는 '열섬 현상'이 나타나요.

열섬 현상이란 도시 중심부의 기온이 도시 주변에 있는 지역보다 높게 나타나는 현상이에요. 기온이 같은 지역을 연결해 등온선을 그리면 온도가 높은 지역의 모양이 바다에 떠 있는 섬처럼 보여서 열섬 현상이라고 해요. 도시 중심부는 사람, 건물, 자동차가 많아 인공 열이 많이 발생해요. 게다가 도로에 깔려 있는 아스팔트는 열을 잘 흡수해서 온도가 낮아지는 것을 방해하지요. 밤 기온이 25℃ 이상인 열대야도 열섬 현상 때문이라고 할 수 있어요.

열섬 현상을 없애고 도시에서도 시원한 바람을 맞으려면 도시를 계획하고 건물을 지을 때부터 많은 노력이 필요해요. 바람이 통과하는 길을 만들어 주변의 산과 숲에서 불어오는 공기가 잘 통하도록 환경 친화적인 도시를 만들어야 한답니다.

열대야를 피해 강가로 나온 사람들

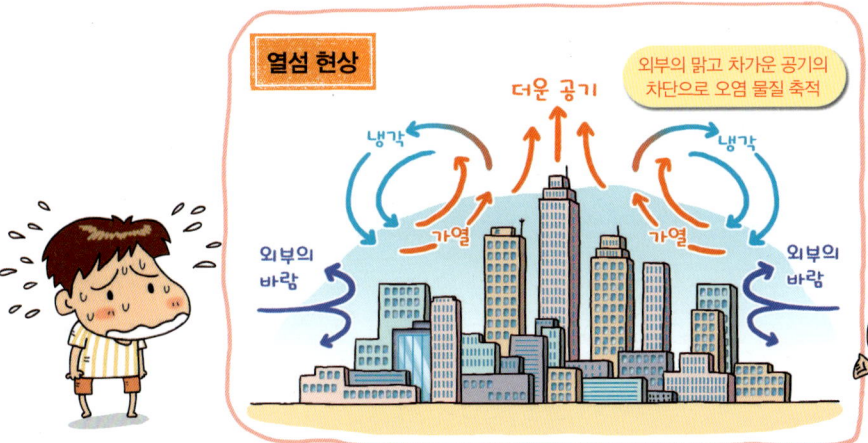

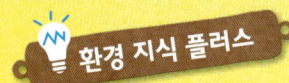 환경 지식 플러스

# 숫자와 그래프로 보는 대기 오염

공기는 우리 눈에 보이지도, 손에 잡히지도 않아요. 하지만 공기가 오염되면 사람도 위험해요. 우리나라의 공기가 얼마나 오염됐는지 알아보아요.

### ● 황사 때 공기는 위험해요

황사가 발생하면 공기 중에 들어 있는 납, 니켈 등의 중금속이 평소보다 2배 이상 많아요. 중금속은 우리 몸속에 들어가면 아주 적은 양이라도 해롭답니다.

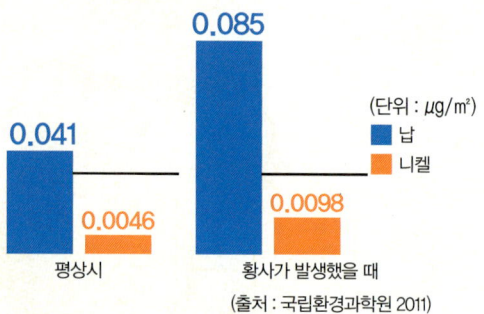

・황사 때 공기 중 중금속 농도
(단위 : μg/m³)
■ 납  ■ 니켈
평상시: 0.041 / 0.0046
황사가 발생했을 때: 0.085 / 0.0098
(출처 : 국립환경과학원 2011)

### ● 오존 경보가 내리면 외출하면 안 돼요

인구와 자동차가 가장 많은 서울에서 오존 경보가 가장 많이 내렸어요. 인구가 많고 자동차가 많으면 오존의 밀도가 높지요. 오존 경보가 내리면 외출을 하지 않는 게 좋아요.

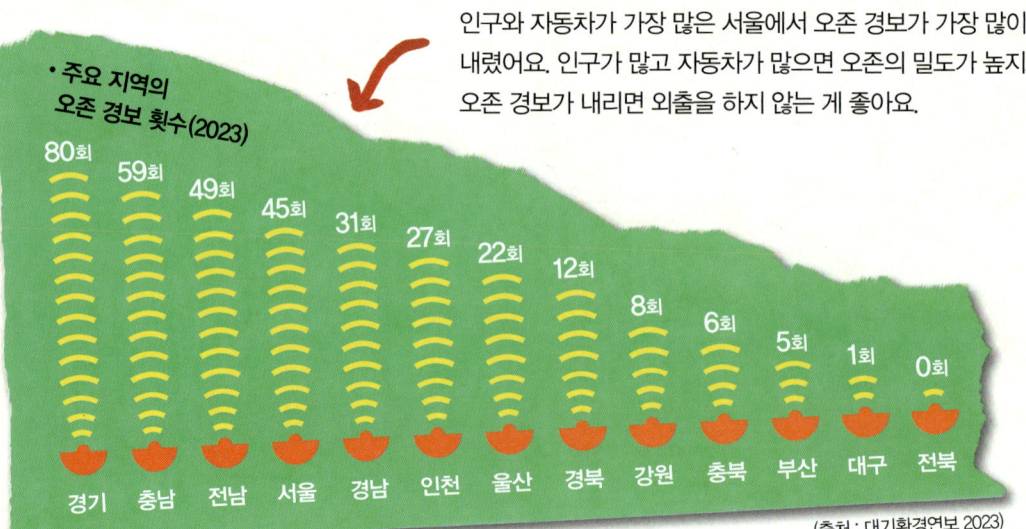

・주요 지역의 오존 경보 횟수(2023)

- 경기 80회
- 충남 59회
- 전남 49회
- 서울 45회
- 경남 31회
- 인천 27회
- 울산 22회
- 경북 12회
- 강원 8회
- 충북 6회
- 부산 5회
- 대구 1회
- 전북 0회

(출처 : 대기환경연보 2023)

### 서울에는 산성비가 계속 내려요

2002년 이후 서울에서 내리는 빗물의 평균 산성도는 산성비의 기준인 pH 5.6보다 계속 낮았어요. 매우 심각한 상태인 거지요.

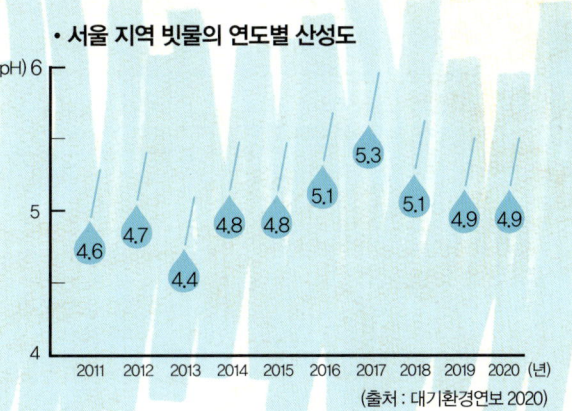

• 서울 지역 빗물의 연도별 산성도

(2011: 4.6, 2012: 4.7, 2013: 4.4, 2014: 4.8, 2015: 4.8, 2016: 5.1, 2017: 5.3, 2018: 5.1, 2019: 4.9, 2020: 4.9)

(출처: 대기환경연보 2020)

• 실시간 대기 정보

(출처: www.airkorea.or.kr)

### 대기 환경, 한눈에 살펴보아요

대기 환경은 공기의 오염도를 나타내는 말이에요. 대기 환경을 한눈에 살펴보는 방법이 있어요. 바로 '실시간 대기 정보'예요. 가장 좋은 상태일 때는 파란색이고, 녹색, 노랑, 빨강으로 갈수록 오염이 심각한 상태를 보여 주지요.

### 주요 도시의 대기 안정도를 살펴보아요

대기 안정도는 대기의 오염 정도를 다섯 등급으로 나눈 거예요. 안전 조건(A~C 등급), 중립 조건(D 등급), 불안정 조건(E~F 등급)으로 나눌 수 있어요. 비교적 인구가 적거나 자연환경이 잘 보전된 지역의 안전 조건이 높은 편이에요. 표에서 A 등급부터 D 등급까지 높아야 대기 안정도가 좋은 거예요.

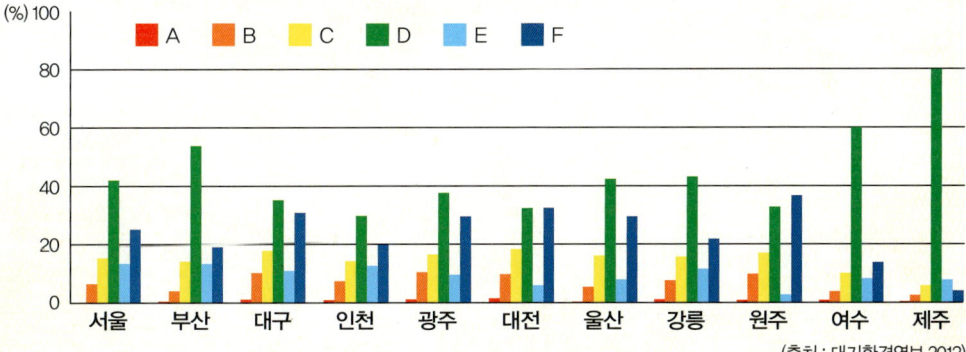

• 주요 도시의 대기 안정도

(출처: 대기환경연보 2012)

# 3장
# 지구 온난화 이야기

지구를 둘러싸고 있는 대기에는 여러 기체가
섞여 있어요. 그중에서도 이산화탄소는 지구에 생명체가
살 수 있는 알맞은 온도를 유지시키는 데 중요한 역할을 하지요.
그런데 이산화탄소가 급격히 늘어나면서 심각한 문제가
발생하고 있어요. 지구가 점점 더워지고 있는 거예요.
이로 인해 북극과 남극의 빙하가 점점 녹고,
지구 곳곳에서 가뭄, 홍수, 한파와 같은 기상 이변이
일어나고 있어요. 지구의 온도가 더 이상
올라가지 않도록 전 세계가 함께 노력해야 해요.

지구 온난화 이야기

# 온실 효과가 뭐예요?

우리가 살고 있는 지구는 금성처럼 너무 뜨겁지도 않고, 화성처럼 너무 춥지도 않아요. 지구의 평균 기온은 생명체가 살아가기에 알맞은 온도인 섭씨 15℃ 정도를 유지하고 있어요. 바로 '온실 효과' 덕분이에요.

온실 효과란 이산화탄소 같은 온실가스가 지구에 있는 열을 지구 밖으로 빠져나가지 못하도록 막아서 지구의 평균 기온을 유지시키는 작용이에요. 다시 말해 대기를 통과한 햇빛이 지구의 표면을 덥히면 지구의 표면은 이 열의 일부를 다시 대기 중으로 내보내는데, 온실가스가 이 열을 흡수해서 지구 밖으로 열이 빠져나가지 못하도록 막아요.

만약 온실 효과가 없다면 지구의 평균 기온이 영하 20℃ 정도로 낮아져서 생명체는 모두 얼어 죽고 말 거예요. 이렇듯 온실가스는 지구가 사람이 살기에 알맞은 기온을 유지할 수 있도록 도와주기 때문에 우리에게 꼭 필요해요. 온실 효과를 일으키는 기체로는 이산화탄소와 메탄, 아산화질소, 과불화탄소, 수소화불화탄소, 육불화황 등이 있어요. 그중에서도 이산화탄소가 가장 대표적인 온실가스예요.

그런데 1760년대 이후 석탄이나 석유 같은 화석 연료를 사용하면서, 온실가스가 지나치게 많아지고 있어요. 또한 이산화탄소를 흡수하는 숲이 사라지면서 대기 중에 온실가스는 점점 늘어나 지구의 평균 기온이 계속 높아지고 있답니다.

지구 온난화 이야기

# 지구가 빠르게 더워지고 있어요

1900년 이후 100년 동안 지구의 평균 기온이 1.55℃ 정도 오를 정도로 지구 온난화가 심각해지고 있어요. 특히 우리나라의 평균 기온은 2.0℃ 정도 올랐어요. 매우 심각한 상태지요.

지구 온난화는 산업 혁명 이후 무분별한 개발 때문에 심각해지고 있어요. 산업이 발달하면서 온실가스가 빠르게 늘어났거든요. 석탄과 석유를 쓰면 이산화탄소가 발생하는데, 이산화탄소를 흡수하는 숲이 줄어들면서 대기 중에 이산화탄소가 많아졌지요. 냉장고에 쓰는 냉매는 수소불화탄소, 과불화탄소, 육불화황을 만들어 내요. 메탄은 대규모 목장이 많아지면서 늘었어요. 초식 동물이 풀을 소화시킬 때 메탄을 발생시켜요. 그래서 에스토니아에서는 소를 키우는 목장으로부터 '방귀세'를 받고 있어

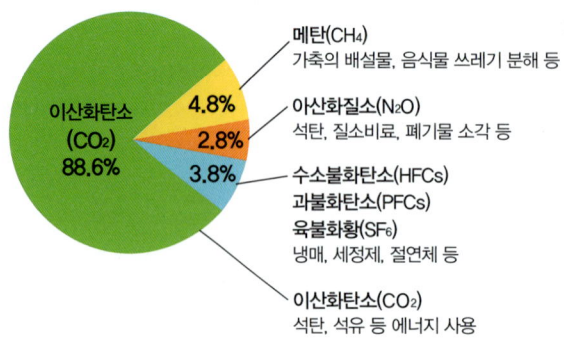

**6대 온실가스의 배출 비율**

- 이산화탄소($CO_2$) 88.6%
- 메탄($CH_4$) 4.8% — 가축의 배설물, 음식물 쓰레기 분해 등
- 아산화질소($N_2O$) 2.8% — 석탄, 질소비료, 폐기물 소각 등
- 수소불화탄소(HFCs), 과불화탄소(PFCs), 육불화황($SF_6$) 3.8% — 냉매, 세정제, 절연체 등
- 이산화탄소($CO_2$) — 석탄, 석유 등 에너지 사용

**6대 온실가스의 지구 온난화 지수**

| 종류 | 지구 온난화 지수(GWP) |
| --- | --- |
| 이산화탄소($CO_2$) | 1 |
| 메탄($CH_4$) | 21 |
| 아산화질소($N_2O$) | 310 |
| 수소불화탄소(HFCs) | 140~11,700 |
| 과불화탄소(PFCs) | 6,500~9,200 |
| 육불화황($SF_6$) | 23,900 |

(출처 : 교토의정서 1995)

요. 아산화질소는 질소 비료를 통해 배출되지요.

온실가스가 지구 온난화에 미치는 영향을 숫자로 나타낸 것을 지구 온난화 지수라고 해요. 숫자가 클수록 지구 온난화에 많은 영향을 주는 거예요. 이산화탄소의 지구 온난화 지수는 낮아요. 하지만 엄청나게 많은 양이 배출되고 있어서 문제가 되지요. 다른 온실가스들은 이산화탄소에 비하면 배출량은 적지만 지구 온난화를 일으키는 힘이 커요. 과학자들은 2100년쯤에는 지구의 평균 기온이 지금보다 적게는 2.2℃ 정도에서 많게는 3.5℃ 정도까지 올라갈 것으로 예측하고 있어요.

지구 온난화 이야기

# 지구 온난화가 인류를 위협해요

지구 온난화는 지구의 평균 기온이 올라가는 것으로 끝나지 않아요. 지구 온난화로 인해 극지방의 빙하가 녹아 바닷물이 불어나서 해수면이 높아지고 있어요. 1900년 이후 해수면은 10~25㎝ 정도 높아졌는데, 2100년쯤에는 지금보다 82㎝ 정도 높아질 것으로 추측하고 있어요. 해수면이 높아지면 해안 지역의 도시와 섬들이 물에 잠기게 될 거예요.

이뿐만이 아니에요. 지구 온난화는 날씨를 불규칙하게 바꿀 거예요. 여름이 점점 길어져 무더위가 기승을 부리기도 하고, 겨울이 따뜻해지고 눈이나 비가 한꺼번에 많이 내리기도 할 거예요. 홍수, 가뭄, 태풍 같은 기상 이변도 더 자주 일어날 거예요.

또한 전 세계 숲의 $\frac{1}{3}$이 식생(일정한 지역에 모여 사는 식물의 집단)의 변화를 겪을 거예요. 추운 곳에 사는 동식물은 살 곳을 잃겠지요. 급격한 기온 변화에 적응하지 못한 동식물은 멸종할 거예요. 농작물 수확량도 줄어들어 심각한 식량 위기를 겪게 되겠지요.

이처럼 지구 온난화는 인류 전체를 위협하는 문제예요. 2007년 영국의 경제학자 니콜라스 스턴은 지구 온난화를 막지 못하면, 인류가 멸망할 것이라고 경고하기도 했답니다. 이제 지구 온난화는 어느 한 나라의 문제가 아니라 전 세계가 함께 겪는 시련이에요.

지구 온난화 이야기

# 엘니뇨와 라니냐가 뭐예요?

'엘니뇨'와 '라니냐'는 태평양 바닷물의 온도가 변하면서 나타나는 현상이에요. 지구 온난화 때문에 최근 들어 자주 나타나고 있어요. 엘니뇨와 라니냐는 세계 곳곳에 홍수, 가뭄, 한파 같은 기상 이변을 일으키지요.

엘니뇨는 원래 남아메리카 열대 지방의 서해안을 따라 남쪽으로 흐르는 바닷물이 2~7년마다 한 번씩 유난히 따뜻해지는 현상을 말했어요. 엘니뇨는 에스파냐 어로 '남자아이 또는 아기 예수'를 뜻하는데, 보통 크리스마스 전후에 나타나기 때문에 붙여진 이름이에요.

그러나 엘니뇨가 적도 지역의 날짜 변경선 부근까지 영향을 끼친다는 사실이 밝혀지면서, 지금은 태평양 지역의 해수면 온도가 평소보다 5개월 이상, 0.5℃ 이상 높게 계속되는 현상을 엘니뇨라고 정의한답니다.

엘니뇨가 나타나면 동남아시아에서는 가뭄, 남아메리카에서는 홍수가 생겨요. 또한 태평양의 온도가 올라가면 태풍이 자주 발생하고 그 위력도 더욱더 강해져 큰 피해를 주지요. 페루 연안에서는 엘니뇨로 어획량이 감소하는 피해를 입기도 해요.

라니냐란 엘니뇨의 반대 현상으로, 에스파냐 어로 '여자아이'를 뜻해요. 라니냐는 태평양 지역의 해수면 온도가 평소보다 5개월 이상, 0.5℃ 이상 낮게 계속되는 현상이에요. 보통 엘니뇨가 끝나면 뒤이어 라니냐가 곧장 발생해요. 라니냐가 나타나면 엘니뇨가 나타날 때와 반대로 동남아시아에서는 홍수, 남아메리카에서는 가뭄이 발생한답니다.

우리나라도 엘니뇨와 라니냐 때문에 많은 피해를 입어요. 엘니뇨가 나타날 때는 오징어와 꽁치는 사라지고, 해파리 떼와 적조 현상이 일어나요. 여름철에 라니냐가 나타나면 따뜻한 물에 사는 물고기가 사라질 뿐만 아니라 가뭄이 들어 농민들이 어려움을 겪는답니다.

지구 온난화 이야기

# 지구 온난화를 함께 막아요

지구 온난화를 막으려면 온실가스를 줄여야 해요. 하지만 온실가스는 한 나라의 힘만으로는 줄일 수 없어요. 온실가스는 모든 나라에 영향을 미치기 때문이에요.

1992년에 브라질의 수도 리우데자네이루에서 세계 여러 나라가 지구 온난화 문제를 함께 해결하자는 약속의 표시로 '기후 변화 협약'을 채택했어요. 1997년에는 온실가스의 배출량을 줄이기 위한 구체적인 실행 내용을 담은 '교토 의정서'를 발표했어요. 각 나라에서는 2008년부터 2012년까지 6대 온실가스 배출량을 줄이고, 정기적으로 온실가스의 배출량을 보고하기로 했어요.

만약 이 기간 안에 온실가스 배출량을 줄이지 못한 국가와 기업은 온실가스 배출량을 줄였거나 숲을 조성한 기업으로부터 '탄소 배출권'을 사야 해요. 탄소 배출권은 온실가스를 배출할 수 있는 권리를 말하지요.

교토 의정서 효력 연장을 논의하는 2012년 유엔 기후 변화 협약 당사국 총회

그런데 이러한 노력으로 온실가스가 더 이상 늘어나지 않더라도 기후 변화는 앞으로도 몇 백 년 동안 지속될 것이라고 해요. 이미 배출된 이산화탄소로 인해 평균 기온과 해수면은 계속 올라갈 것이기 때문이에요. 그래서 2012년 카타르의 수도 도하에서 교토 의정서의 효력을 2020년까지 연장

하자는 회의가 열렸어요. 하지만 온실가스를 가장 많이 배출하고 있는 미국과 중국, 일본, 러시아가 참여하지 않아서 효과가 크지 않았어요.

우리나라도 온실가스의 배출량이 빠르게 증가하고 있어요. 그래서 2015년부터 기업끼리 탄소 배출권을 사고팔 수 있는 탄소 배출권 거래 제도를 실시하는 등 온실가스를 줄이기 위해 노력하고 있어요.

### 위기에 처한 투발루

2011년에 남태평양에 있는 작은 섬 투발루가 심각한 물 부족으로 국가 비상사태를 선포했다. 6개월 동안 가뭄이 들어 물이 부족한 데다, 해수면 상승으로 바닷물이 지하수에 섞이면서 짠물로 변해 사람들이 마실 수 없게 되었기 때문이다. 투발루는 지대가 낮아서 해마다 0.5~0.6cm 정도씩 물에 잠기고 있다. 이대로라면 앞으로 약 30년 안에 완전히 물에 잠기게 될 수도 있다. 그렇게 되면 투발루 사람들은 환경 난민이 되어 살 곳을 찾아 떠돌아다녀야 한다.

점점 물에 잠기고 있는 투발루

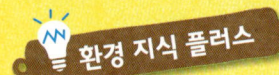

# 숫자와 그래프로 보는 지구 온난화

우리가 만들어 내는 온실가스의 양은 얼마나 될까요? 계속 늘어나고 있는 온실가스 때문에 지구 온난화가 계속되면 어떤 일이 생길지 알아보아요.

## ● 이산화탄소가 점점 늘어나요

전 세계에서 이산화탄소를 가장 많이 만들어 내는 나라는 중국이에요. 전 세계 이산화탄소 배출량의 약 31%를 차지하지요. 중국을 비롯해 5위 안에 든 나라는 모두 땅이 넓고, 인구가 많아요. 그런데 이산화탄소 배출량이 큰 중국, 미국, 일본, 러시아가 '교토 의정서' 효력 연장에 참여하지 않았어요.

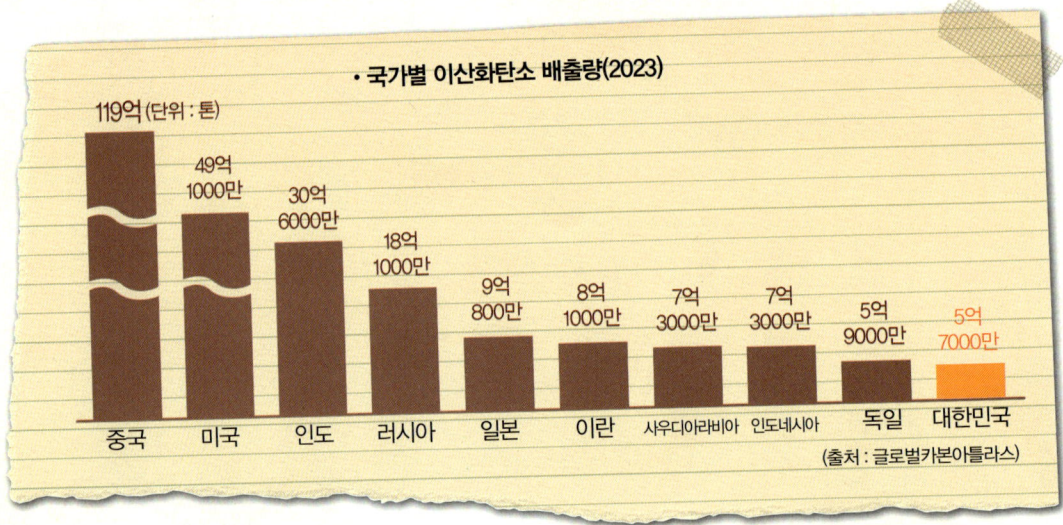

• 국가별 이산화탄소 배출량(2023)

중국 119억 (단위: 톤) / 미국 49억 1000만 / 인도 30억 6000만 / 러시아 18억 1000만 / 일본 9억 800만 / 이란 8억 1000만 / 사우디아라비아 7억 3000만 / 인도네시아 7억 3000만 / 독일 5억 9000만 / 대한민국 5억 7000만

(출처: 글로벌카본아틀라스)

## ● 지구의 평균 기온도 계속 높아지고 있어요

지난 100년 동안 지구의 평균 기온은 1.55℃가 올라갔어요. 이전 1만 년 동안의 기온 상승과 맞먹는 수치지요. 지금처럼 기온이 상승하면 2100년에는 연평균 기온이 적게는 2.2℃에서 많게는 3.5℃까지 올라갈 거래요.

• 지구 평균 기온의 변화

(출처: 기후변화에 관한 정부간협의체 4차 보고서)

● 지구의 평균 기온이 1℃씩 올라갈 때마다 무슨 일이 일어날까요?

**5℃ 상승** 히말라야의 만년설이 모두 사라지고, 해수면이 상승해서 작은 섬들과 도쿄, 뉴욕 등의 도시가 물에 잠겨요.

**6℃ 상승** 지구의 모든 생명체가 사라져요.

**3℃ 상승** 5억 명이 넘는 사람들이 먹을거리가 없어 힘들어 하고, 최대 300만 명이 영양실조로 죽어요.

**4℃ 상승** 전 세계 30~50%의 물이 사라지고, 해안 지역에서는 최대 3억 명이 홍수 피해를 입어요.

**1℃ 상승** 안데스 산맥의 만년설이 녹고, 해마다 30만 명이 기후 관련 질병으로 죽어요.

**2℃ 상승** 먹는 물의 20~30%가 줄어들고, 지구 생물의 $\frac{1}{3}$이 멸종 위기에 처해요.

지구 온난화가 계속되면 결국 아무도 살 수 없게 될지도 몰라요!

# 탄소 발자국을 줄이자

지구 온난화를 막기 위해 우리가 할 수 있는 일은 무엇일까요?
바로 탄소 발자국을 줄이는 거예요. 탄소 발자국이란 일상생활 속에서 만들어 내는 온실가스, 특히 이산화탄소의 양을 말해요.

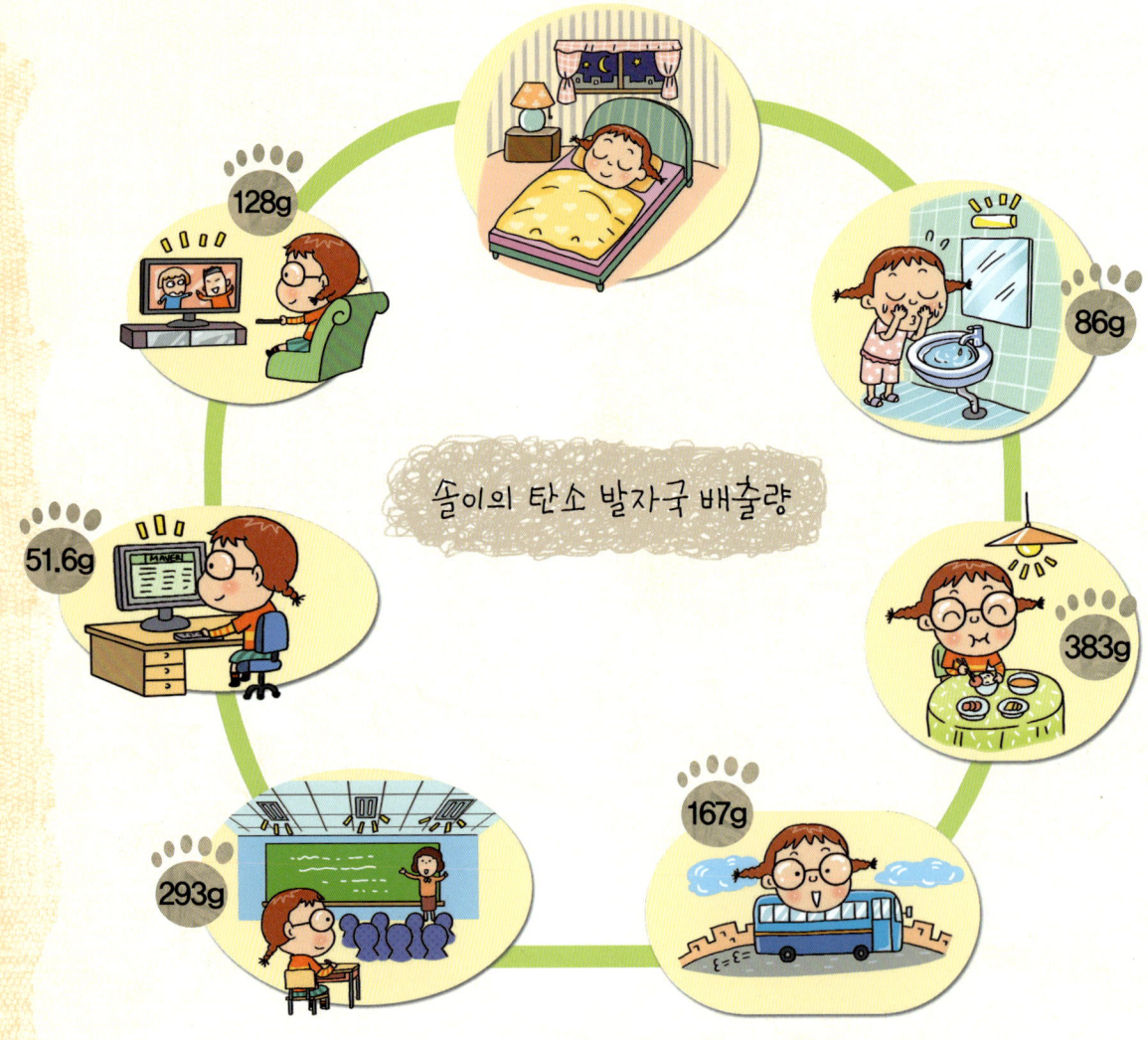

솔이의 탄소 발자국 배출량

숫자가 클수록 이산화탄소 배출량이 많다는 뜻이에요. 탄소 발자국은 방에 불을 켜거나 컴퓨터를 사용하거나 버스나 자동차를 타는 등 대부분의 일상생활에서 발생해요. 그래서 탄소 발자국을 아예 없애는 것은 불가능해요.

## ● 일상생활 속에서 탄소 발자국을 줄이려면 어떻게 해야 할까요?

### 지킴이 수칙 1
### 에스컬레이터나 엘리베이터보다는 계단 이용하기

지하철을 탈 때나 층이 낮은 곳을 올라갈 때는 계단을 이용해요. 탄소 발자국도 줄이고, 건강도 챙길 수 있답니다.

### 지킴이 수칙 2
### 가까운 거리는 걷거나 자전거로, 먼 거리는 대중교통 이용하기

가까운 거리를 갈 때는 걷거나 자전거를 타고 가요. 먼 거리를 이동할 때는 버스나 전철을 이용해요.

### 지킴이 수칙 3
### 저탄소 제품 사용하기

물건을 살 때는 저탄소 상품인지 꼭 확인하세요. 우리나라에서는 저탄소 제품을 인증하는 제도를 시행하고 있어요.

### 지킴이 수칙 4
### 스프레이 제품 사용하지 않기

스프레이 제품은 탄소 발자국이 아주 커요. 같은 역할을 하는 제품이라면 되도록 프레온 가스가 들어 있는 스프레이 제품을 사용하지 않아야 해요.

### 지킴이 수칙 5
### 고기 먹는 횟수 줄이기

사람들이 즐겨 먹는 소와 양 같은 초식 동물은 소화를 시킬 때 온실가스인 메탄을 많이 발생시켜요. 사람들이 고기를 덜 먹으면 메탄을 발생시키는 가축이 줄어들어 탄소 발자국을 줄일 수 있어요.

채소를 먹으면 탄소 발자국을 줄일 수 있어요.

## 4장 물 오염 이야기

물이 없으면 지구에 생명체가 살 수 없어요.
당연히 바다, 산, 강도 없겠지요.
또 인류가 문명을 이룩할 수도 없었어요.
그런데 인구가 늘고 산업이 발달하면서 소중한 물이 오염되고 있어요.
생활 하수와 폐수를 강과 바다에 마구 버리기 때문이에요.
점점 깨끗한 물이 줄어들면서 사람들이 쓸 물이 많이 부족해졌어요.
오염된 물을 사람이 마시면 생명을 잃을 수도 있어요.
물 오염과 물 부족 문제를 해결하기 위해
우리 모두 노력해야 해요.

 물 오염 이야기

# 물은 많은 일을 해요

물은 생명의 근원이에요. 아주 먼 옛날, 지구에 처음으로 생명체가 태어난 곳은 바다였어요. 그 이후 땅과 하늘에서 사는 생명체들도 많아졌지만 물 없이 살 수 있는 생명체는 없어요.

모든 생명체는 몸속에 일정한 양의 물을 유지해야 해요. 그 양은 생물에 따라 다르지만 사람 몸의 70%는 물로 이루어져 있어요. 그래서 사람은 물을 보충하려고 하루 평균 1.5~2L의 물을 마셔야 하지요.

우리 몸속에서 물은 많은 일을 해요. 혈액을 비롯해 오줌과 땀은 대부분 물로 구성되어 있어요. 혈액은 우리 몸에 산소와 영양분을 공급하고 노폐물을 없애는 일을 해요. 오줌은 신장에서 만들어지는 물로 된 노폐물이에요. 땀샘에서 만들어지는 땀은 체온을 조절하지요. 또 관절을 부드럽게 만들어서 닳

**동식물의 수분 함유량**

아 없어지지 않도록 보호하는 활액도 대부분 물로 이루어져 있어요.

물은 사람들이 생활하는 데도 꼭 필요해요. 물로 몸을 씻고, 음식을 만들고, 청소를 하지요. 농사를 지을 때도, 공장에서 물건을 생산할 때도 물은 꼭 있어야 해요.

물은 인간이 문명을 발달시키는 데 아주 중요한 역할을 했어요. 물이 흐르는 하천 주변에는 땅이 비옥해서 농사가 잘 돼요. 또 먼 지역의 사람들과 교류할 때 뱃길을 통하면 편하지요. 그래서 물이 있는 곳에 사람이 모여들었고, 자연스럽게 물가에는 마을이 생기고 문명이 발달한 것이지요.

세계에서 가장 오래된 문명은 모두 강을 끼고 발달했어요. 중국 황허 강 유역에서 발생한 황허 문명, 인도 인더스 강 유역에서 발생한 인더스 문명, 이집트 나일 강 유역에서 발생한 이집트 문명, 이라크 티그리스 강과 유프라테스 강 유역에서 발생한 메소포타미아 문명 등이 그렇지요. 우리나라도 서울을 비롯한 대부분의 큰 도시는 강을 끼고 발달했어요.

# 물이 부족하다고요?

국제 연합 환경 계획(UNEP)의 《환경 보고서》에 따르면, 전 세계 인구의 $\frac{1}{3}$이 극심한 물 부족에 시달린다고 해요. 전 세계 인구의 약 50%인 40억 명이 물 부족 국가에 거주하고 있지요.

물은 지구 표면의 $\frac{2}{3}$를 차지할 만큼 아주 많아요. 하지만 약 97.5%를 차지하는 바닷물은 짜서 사람들이 이용할 수가 없어요. 사람이 생활하는 데 필요한, 짜지 않은 민물은 전체 물의 2.5%밖에 되지 않아요. 그런데 민물 중에는 에베레스트 산처럼 높은 산의 꼭대기에 있는 만년설과 북극에 있는 빙하처럼 사람이 손쉽게 쓸 수 없는 물이 많아서 사람들이 실제로 쓸 수 있는 물은 아주 적은 양이에요.

게다가 인구가 빠른 속도로 증가하면서 물의 소비량이 늘었어요. 또 산업이 발달하고, 사람들이 도시로 몰려들면서 물이 오염되었어요.

물이 부족하면 어떤 일이 벌어질까요? 무엇보다 사람의 생명이 위험해질 거예요. 또한 사람들이 먹을 식량이 부족해질 거예요. 농사를 짓는 데는 엄청난 양의 물이 필요하니까요.

우리나라도 물이 풍부한 편이 아니에요. 우리나라의 연 강수량은 1,200㎜로, 세계 평균보다 1.3배가량 많아요. 하지만 땅 면적에 비해 인구 수가 많은 편이라 1인당 연 강수량은 세계 평균의 12% 수준밖에 되지 않아요. 게다가 6~8월에 집중적으로 내리지요. 그러니까 물을 아껴 써야 해요.

## 물 부족 현황

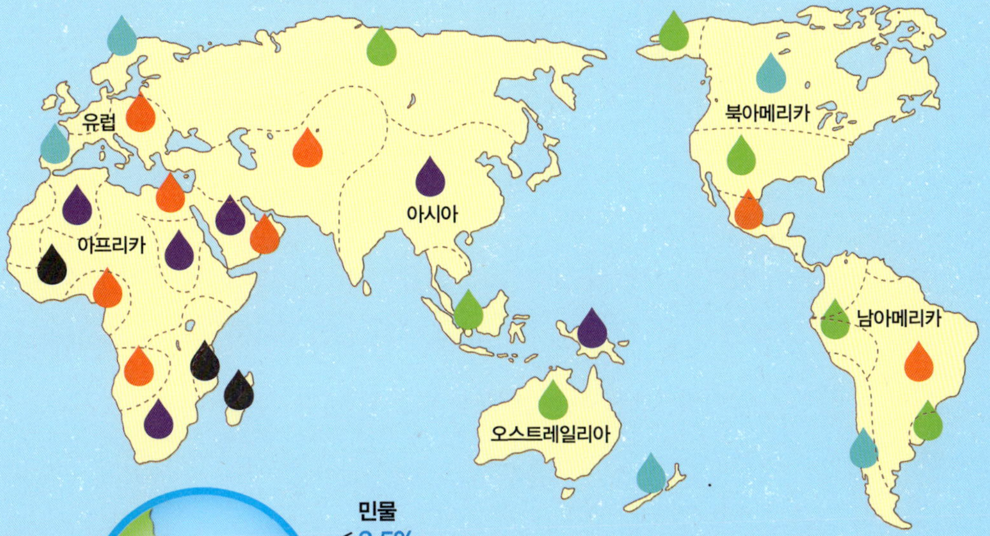

**지구의 물 구성 비율**
- 바닷물 97.5%
- 민물 2.5%
  - 빙하·만년설 1.76%
  - 지하수 0.76%
  - 하천·호수 0.0086%

(출처 : 환경부)

범례:
- 거의 문제 없음
- 부족에 가까움
- 실질적 부족 상태
- 약간 부족
- 부족 상태

(출처 : 세계 물의 날 국내 공식 홈페이지)

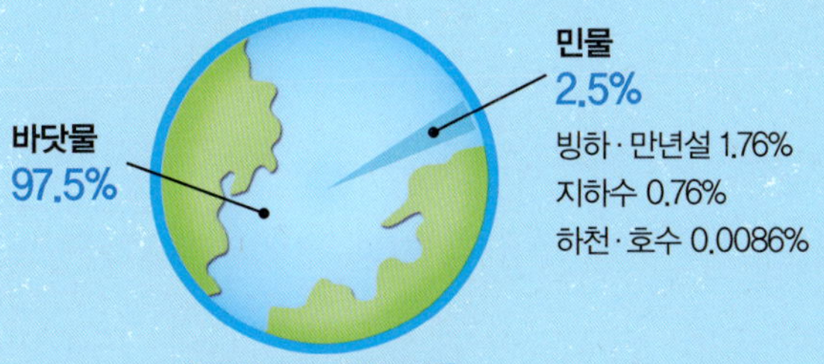

### 오랜 가뭄으로 고통받는 아프리카

아프리카에서는 가뭄이 오래도록 이어지면서 해마다 수많은 사람이 죽어간다. 물 부족과 오염된 식수 때문에 죽는 사람이 늘어난 것이다. 그래서 물을 확보하기 위해 아프리카 곳곳에서는 '우물 전쟁'이 일어나고 있다. 창과 총으로 무장한 사람들이 우물을 차지하기 위해 목숨을 걸고 싸우고 있는 것이다. 아프리카의 물 부족 문제를 해결하려고 국제단체에서 나서고 있지만 물 부족 문제는 쉽게 해결되지 않고 있다.

더러운 물을 마시는 아프리카 사람들

 물 오염 이야기

# 물 때문에 싸운다고요?

물이 없으면 사람이 살아갈 수 없을 뿐만 아니라 농사를 지을 수도, 공장을 돌릴 수도 없어요. 그래서 더 많은 물을 차지하려고 나라 사이에 다툼이 끊이지 않아요. 그럼 물 때문에 다투고 있는 지역은 어디일까요?

## 요르단 강 유역

이스라엘과 시리아, 요르단은 요르단 강의 물을 주요 식수원이자 농업용수로 쓰고, 수력 발전에도 이용하고 있어요. 그래서 이 세 나라는 요르단 강의 물을 더 많이 차지하려고 끊임없이 전쟁을 한답니다. 1967년에 시리아가 요르단 강 상류에 댐을 건설하려고 하자 이스라엘은 자기 나라에 강물이 들어오지 않을까 봐 전쟁을 일으켰어요.

이 전쟁으로 이스라엘은 골란 고원을 차지하여 이 고원에 있는 갈릴리 호가 이스라엘의 주요 식수원이 됐지요. 그 후에도 이스라엘과 시리아는 갈릴리 호를 사이에 두고 계속 다투고 있어요.

이스라엘과 시리아가 다투고 있는 골란 고원의 갈릴리 호

서남아시아는 물 때문에 싸움이 끊이지 않아.

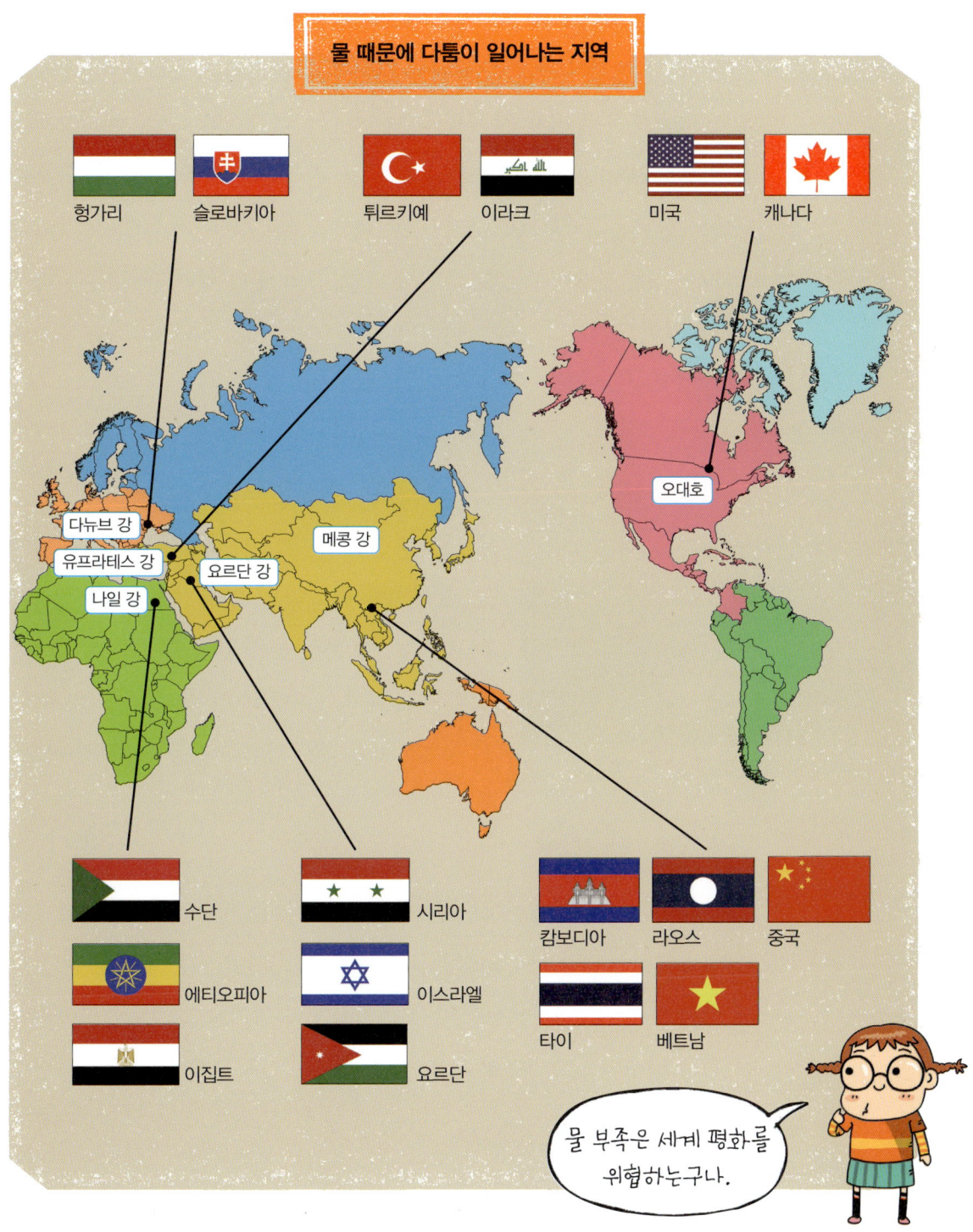

### 나일 강 유역

아프리카 동북부를 흐르는 나일 강을 둘러싼 싸움은 1950년대에 시작되어 지금까지 끊이지 않아요. 1999년에는 이집트와 수단, 에티오피아를 비롯한 10여 개국이 '나일 강 유역 물 관련 장관 협의회'를 열어 오랜 다툼이 끝나는 듯했어요. 하지만 2011년에 에티오피아가 나일 강 상류에 거대한 댐을 짓겠다고 발표하면서 나일 강의 물을 둘러싼 싸움은 다시 시작되었어요.

### 유프라테스 강 유역

튀르키예가 유프라테스 강 상류에 거대한 댐을 건설하자 강의 하류에 있는 이라크와 시리아는 물이 부족해졌어요. 특히 유프라테스 강과 티그리스 강에서만 물을 얻을 수 있는 이라크는 심각한 물 부족에 시달리게 됐어요. 그 뒤로 튀르키예와 아랍 국가 사이의 갈등이 심해졌어요.

튀르키예와 아랍 국가들이 갈등을 빚고 있는 유프라테스 강

### 다뉴브 강 유역

다뉴브 강은 독일에서 시작하여 오스트리아를 지나 헝가리와 슬로바키아의 국경선까지 흘러요. 헝가리와 슬로바키아는 1977년에 다뉴브 강에 각각 댐을 세우고 전기를 함께 쓰기로 약속했어요. 그 뒤 슬로바키아는 댐을 건설했으나 헝가리는 다뉴브 강이 망가지고 있다고 주장하면서 댐을 건설하지 않았어요. 두 나라는 댐 건설 문제로 지금까지 날카롭게 대립하고 있어요.

## 메콩 강 유역

메콩 강은 중국, 타이, 라오스, 캄보디아, 베트남을 흐르는 강이에요. 그런데 2010년에 중국이 메콩 강 상류에 거대한 샤오완 댐을 건설했어요. 그러자 메콩 강이 흐르는 나머지 나라는 중국이 협의도 없이 마음대로 댐을 건설해 자신들의 나라에 들어오는 물을 막았다며 크게 반발하고 있어요.

중국, 타이, 라오스, 캄보디아, 베트남을 흐르는 메콩 강

## 오대호 유역

오대호는 미국과 캐나다 국경에 있는 슈피리어 호, 미시간 호, 휴런 호, 이리 호, 온타리오 호를 말해요. 오대호는 1900년대부터 산업 폐기물, 생활 하수, 농약 등으로 오염되었어요. 그래서 두 나라는 1909년에 경계 수역의 이용 및 분쟁을 방지하려고 국제 공동 위원회를 설립했어요. 1972년에는 '오대호 수질 조약'을 체결했지요. 그리고 조약에 따라 오대호의 수질을 함께 관리하고 있어요.

## 기타

그 밖에 더 많은 물을 확보하려는 나라 간의 분쟁으로는 갠지스 강을 둘러싼 인도와 방글라데시의 분쟁, 브라마푸트라 강을 둘러싼 중국과 인도의 분쟁, 리오그란데 강을 둘러싼 미국과 멕시코의 분쟁, 오카방고 강을 둘러싼 앙골라와 나미비아의 분쟁이 있어요. 또한 프랑스와 에스파냐는 카롤 강을, 남아프리카공화국과 보츠와나는 초베 강을 둘러싸고 다투고 있지요.

 물 오염 이야기

# 물! 왜 더러워진 거예요?

물은 스스로 깨끗해지는 자정 능력을 갖고 있어서 어느 정도 시간이 지나면 저절로 깨끗해져요. 하지만 물속에 오염 물질이 갑자기 많아지거나 오랜 시간 계속해서 쌓이면 물의 자정 능력이 사라지고 말아요. 오염된 물을 다시 깨끗하게 하려면 굉장히 많은 양의 물과 시간이 필요하지요.

물이 오염되는 가장 큰 원인은 사람들이 생활하면서 버리는 생활 하수 때문이에요. 우리나라에서 발생하는 하수 중에는 일반 가정에서 나오는 생활 하수가 무려 78%를 차지해요. 특히 음식물 찌꺼기와 합성 세제, 샴푸 등이 심각한 문제예요.

공장에서 버리는 폐수도 생활 하수보다는 양이 적지만 중금속이 섞여 있기 때문에 큰 문제가 발생할 수 있어요.

농촌에서 농사를 지을 때 쓰는 농약과 비료, 함부로 버리는 가축의 분뇨도 물을 오염시키는 원인이에요. 특히 골프장 잔디에 뿌리는 농약은 아주 독하기 때문에 사람들에게 직접적으로 피해를 줄 수 있어요.

또 산성비처럼 공기 중의 오염 물질이 땅, 강, 호수에 떨어지면서 물이 오염되기도 해요.

이 밖에도 무분별한 개발도 큰 문제예요. 사람들이 필요에 따라 강의 흐름을 마음대로 바꾸거나 갯벌을 땅으로 만들어서 물이 썩고 생물이 죽어 가고 있어요.

### 공장 폐수로 오염된 낙동강

1991년 3월, 구미 공단에 있는 한 공장에서 전기 회로를 만드는 데 필요한 페놀 30톤이 낙동강 하류로 흘러들었다. 이 사건으로 주변 지역의 수돗물에서 악취가 나는 피해가 발생했다.

그해 9월에는 황산 2톤을 실은 트럭이 낙동강 상류에 추락하여 물고기들이 떼죽음을 당했다. 또 1994년에는 발암성 물질인 벤젠과 톨루엔, 암모니아성 질소가 낙동강으로 흘러들어 수돗물이 오염되었다.

# 바닷물 오염도 심각한가요?

바다는 지구에 있는 물의 약 97.5%를 차지하고 있고, 지구 표면의 약 71%를 덮고 있어요. 또한 수많은 생물이 살아가는 아주 거대한 생태계지요. 지구에 있는 생물의 99%가 바다에 산답니다. 사람들은 바다에서 식량뿐만 아니라 에너지와 광물 등도 얻지요.

그런데 이런 소중한 바다가 병들어 가고 있어요. 사람들이 버리는 쓰레기와 생활 하수, 공장 폐수 등이 바다를 오염시키기 때문이에요. 이뿐만 아니라 때때로 석유를 실어 나르는 유조선의 사고로 엄청난 양의 기름이 흘러나와 바다를 크게 오염시켜요. 유조선의 기름 유출 사고는 전 세계 바다를 오염시키는 매우 심각한 문제예요.

우리나라에서도 유조선에서 기름이 흘러나오는 사고가 여러 차례 있었어요. 1995년에 시프린스 호가 남해안에서 암초와 부딪쳐 싣고 있던 기름이 바다로 흘러나왔지요. 2007년에는 태안 앞바다에서 유조선이 해양 크레인과 부딪혀 기름이 흘러나왔어요. 이 사고는 우리나라 바다에서 일어난 기름 유출 사고 가운데 가장 많은 기름이 유출된 사고예요.

바다에 퍼진 기름 때문에 수많은 해양 생물이 죽고, 기름을 제거하려고 바다에 뿌린 화학 약품 때문에 바다가 더 오염되었어요. 기름에 오염된 해양 생태계가 원래 상태로 돌아오려면 길게는 100년 이상의 시간이 걸릴지도 모른다고 해요.

"배에서 기름이 흘러나와요."

"바다가 오염될 텐데 걱정이다."

"사람들이 기름을 제거하고 있구나. 앞으로는 이런 사고가 일어나지 말아야 할 텐데."

"나도 가서 도와야겠어요."

### 역사상 가장 큰 규모의 멕시코 만 기름 유출 사건

2010년, 미국 멕시코 만에서 역사상 가장 큰 규모의 기름 유출 사고가 발생했다. 영국 석유 회사인 브리티시페트롤리엄이 세운 시추 시설이 폭발한 것이다. 바다 밑바닥에 구멍을 뚫어 기름을 뽑아 올리는 시설이 부서지면서 5개월 동안 한반도 면적의 넓은 바다가 기름띠로 뒤덮였다. 전문가들은 이 기름이 30년 이상 대서양을 떠돌아다니면서 바닷속 생태계를 파괴하고, 해안과 습지로 기름띠가 이동하면서 피해가 커질 것을 걱정했다. 이 사건은 미국 경제 전문지 《포브스》가 발표한 2010년 '올해 기업들이 저지른 10대 대형 사건' 가운데 1위로 꼽혔다.

멕시코 만에서 유출된 기름을 뒤집어쓴 새

물 오염 이야기

# 소리 없는 바다의 경고, 적조 현상과 부영양화

'적조 현상'은 플랑크톤이 갑작스럽게 번식해서 바닷물의 색깔이 바뀌는 현상을 말해요. 흔히 바닷물이 붉게 물드는 경우가 많기 때문에 적조 현상이라고 하지요. 그렇지만 갈색이나 녹갈색, 황갈색, 오렌지색 등을 띠는 적조 현상도 있어요. 플랑크톤의 종류에 따라 바닷물 색이 달라 보이기 때문이에요.

적조 현상은 왜 일어날까요? 적조 현상이 일어나는 가장 큰 원인은 물의 '부영양화'예요. 부영양화란 호수나 강, 바다에 인과 질소 따위의 영양분이 많이 증가하는 것을 말해요. 물에 인이나 질소가 많아지면 플랑크톤이 매우 빠르게 번식하지요. 그렇게 되면 물속에 녹아 있던 산소가 줄어들고, 물고기를 비롯한 물속 생물이 숨을 쉬기 힘들어져요. 심하면 물고기가 떼죽음을 당하기도 하지요. 적조 현상이 일어나면 황토를 바다에 뿌려요. 황토에 플랑크톤이 붙어서 가라앉기 때문이에요.

부영양화를 막으려면 가정에서는 생활 하수를 줄이도록 노력하고, 정부에서는 공장 등에서 폐수를 함부로 버리지 못하도록 감독해야 해요. 이 밖에 갯벌을 잘 보존하는 것도 중요하지요. 갯벌에 사는 생물들이 오염 물질을 줄여 주니까요. 그런데 갯벌을 땅으로 만드는 간척 사업으로 인해 갯벌이 사라지고 있어요. 이로 인해 부영양화가 더 심해지고 있어요.

# 물이 아프면 사람도 아파요

물은 사람이 생명을 유지하는 데 꼭 필요해요. 그래서 물이 오염되면 사람의 목숨도 위험하지요. 특히 위생 시설이 나쁜 지역에서는 급수 시설을 따라 전염병이 빠르게 퍼지기도 해요. 오염된 물 때문에 퍼지는 대표적인 전염병이 '콜레라'와 '장티푸스'예요. 콜레라와 장티푸스를 '수인성 전염병'이라고 하는데, 수인성 전염병은 물이나 음식물에 들어 있는 세균에 의해 전염되는 병이에요. 수인성 전염병에 걸리면 주로 복통과 설사, 메스꺼움, 구토 증세를 많이 보여요. 간혹 두드러기 증상이 함께 나타나 피부가 부르트고 가렵기도 하지요.

주로 어린 아기에게 나타나는 청색증도 물 때문에 걸려요. 질산이 많이 들어 있는 물을 마시면 혈액에서 산소가 잘 운반되지 않기 때문에 산소가 온몸으로 골고루 전달되지 않아요. 그렇게 되면 몸이 푸르스름한 색을 띠어요. 그래서 병의 이름을 청색증 또는 블루베이비병이라고 해요. 청색증에 걸리면 아기들이 잘 자라지 못하고 빈혈이 생기기 쉬워요. 아주 심하면 아기가 목숨을 잃을 수도 있지요.

오염된 물을 직접 마시지 않아도 병에 걸릴 수 있어요. 오염된 물속에 녹아 있는 중금속 때문이지요. 이 중금속을 수많은 바다 생물이 먹고, 그 바다 생물을 사람이 먹으면 사람의 몸속에 중금속이 쌓여요. 이로 인해 수은 중독 같은 심각한 병이 생길 수 있어요.

## 물 오염으로 병들었던 일본

1950년대 일본에서는 물 오염으로 수많은 사람이 목숨을 잃었다. 1953년에 미나마타 지역에 나타난 미나마타병은 수은 때문에 생긴 병이다. 가까운 지역에 있는 공장에서 수은이 들어 있는 폐수를 바다에 버렸고, 사람들이 수은에 중독된 어패류를 잡아 먹은 것이 원인이었다. 미나마타병에 걸린 사람들은 손발이 마비되어 잘 움직이지 못했고, 심하면 경련이나 정신 착란으로 죽기도 했다. 당시 이 병으로 70명 이상이 죽었다.

이타이이타이병은 1955년에 세상에 처음 알려졌다. 일본의 광산촌 주민에게 처음 나타난 이 병은 공장에서 버린 중금속 카드뮴이 원인이었다. '이타이이타이'라는 말은 일본어로 '아프다, 아프다'라는 뜻일 정도로 통증이 심하다. 이 병에 걸리면 뼈가 물러져서 조금만 움직여도 뼈가 부러진다. 당시 이 병에 걸린 환자 258명 가운데 128명이 목숨을 잃었다.

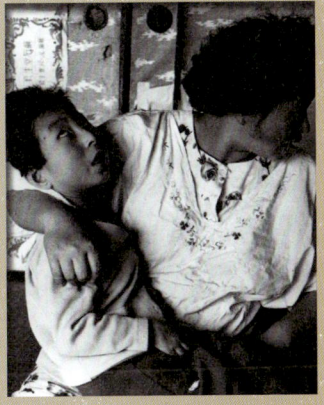

미나마타병에 걸려 온몸이 마비된 어린이

 물 오염 이야기

# 물이 살아나요

물을 깨끗하게 지키려면 무엇보다 오염 물질을 줄이는 것이 중요해요. 물이 더러워지는 건 한순간이지만, 더러워진 물을 다시 깨끗하게 하려면 많은 비용과 시간, 노력이 필요하기 때문이에요.

## 물 오염을 줄이는 방법

우리가 쓰고 버리는 물을 '하수'라고 해요. 하수는 하수도를 거쳐 하수 종말 처리장에서 깨끗하게 걸러지지요. 그러나 아직도 하수 종말 처리장에서 처리되지 못하고 강에 버려지는 하수가 많아요. 정부에서는 하수 종말 처리장을 많이 지어 하수를 깨끗하게 하려고 노력하고 있어요.

가정에서도 합성 세제를 되도록 조금 쓰도록 노력해야 해요. 빨래할 때, 머리 감을 때, 청소를 할 때 쓰는 합성 세제가 물을 오염시키는 주요 원인 가운데 하나거든요. 또 부엌에서 나오는 생활 하수도 줄여야 해요. 설거지를 한 물에는 음식 찌꺼기가 섞여 있기 때문에 물의 부영양화를 부추겨서 적조 현상을 일으킬 수 있기 때문이에요.

공장에서 버리는 물은 반드시 깨끗하게 만들어서 내보내야 해요. 공장 폐수는 생활 하수에 비해 버려지는 물의 양은 적어요. 그렇지만 독성이 강한 중금속 성분이 섞여 있는 경우가 많기 때문에 정수 처리를 하지 않으면 물을 심각하게 오염시킬 수 있어요.

축산 농가에서 버리는 폐수도 마찬가지예요. 가축의 분뇨는 사람의 분뇨보다 양은 적지만 오염 성분이 훨씬 많아요. 그런데 대부분의 축산 농가가 정수 처리 시설을 갖추고 있지 않아서 문제예요. 정수 처리 시설을 갖추려면 비용이 많이 드니까 폐수를 몰래 버리는 경우가 많아요. 따라서 폐수를 함부로 버리지 못하도록 감시하는 것이 필요해요.

## 물 오염을 줄이는 세계의 노력

앞에서 오염된 물은 우리의 생명을 위협하고 생태계를 파괴시킨다고 했지요. 그래서 세계 여러 나라는 오염된 하천과 강을 다시 살려 내기 위해 많은 노력을 기울이고 있답니다.

영국 런던을 흐르는 템스 강은 1800년대에 공장 폐수로 더러워지기 시작했어요. 산업 혁명으로 공장이 많이 들어섰기 때문이지요. 게다가 일거리를 찾는 사람들이 런던으로 모여들면서 오염이 더 심해졌어요. 사람들은 템스 강을 '죽음의 강'이라고 불렀지요. 1858년에는 템스 강에서 풍기는 악취가 런던 전체를 뒤덮었어요. 사람들은 그해를 '위대한 악취의 해'라고 부를 정도였어요. 그러나 많은 시간과 돈을 들이고, 시민과 정부의 노력으로 지금은 수돗물로 쓸 정도로 깨끗해졌답니다.

독일, 스위스, 프랑스, 네덜란드 등을 흐르는 라인 강도 제2차 세계 대전 이후 생활 하수와 공장 폐수 때문에 오염이 심해졌어요. 결국 1946년에는 물고기가 떼죽음을 당하는 일이 일어났지요. 그러자 유럽의 여러 나라가 뜻을 모아 '국제 라인 강 수질 오염 방지 위원회'를 만들었어요. 더 이상 라인 강이 더러워지지 않도록 힘을 합친 거지요. 유럽의 여러 나라는 라인 강이 흐르는 곳곳에 수질 측정소를 세우는 등 다양한 노력을 하고 있어요.

우리나라도 오염된 강을 살리기 위해 다양한 노력을 기울이고 있어요. 지방 자치 단체를 비롯하여 환경을 살리려는 시민들이 뜻을 하나로 모아 하천 살리기 운동을 벌이고 있지요. 또 전국에서 활동하는 수십여 개의 하천 지킴이 단체가 '강 살리기 네트워크'를 결성하여 강 살리기 운동을 펼치고 있어요.

물 오염은 한 지역만의 문제가 아니에요. 1992년 유엔 총회에서는 3월 22일을 '세계 물의 날'로 정해 점점 심각해지는 물 부족 문제와 수질 오염을 예방하고 해결하기 위해 노력하고 있답니다.

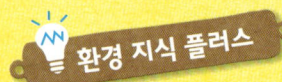

# 숫자와 그래프로 보는 물 부족 현상

우리나라 곳곳에서는 크고 작은 강이 흐르고, 산에 가면 계곡과 약수터를 쉽게 볼 수 있지요. 그런데 왜 물이 부족하다고 할까요?

## 우리나라는 비가 여름에만 많이 내려요

우리나라는 일 년 동안 비가 1,245㎜가 내려요. 세계 평균인 880㎜보다 무려 1.4배가 더 내리는 거예요. 그렇지만 비가 여름철에 한꺼번에 내리기 때문에 다른 계절에는 강수량이 모자라지요.

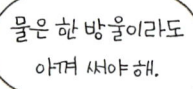

• 국가별 연평균 강수량 (단위: ㎜/년)

| 일본 | 대한민국 | 영국 | 세계 평균 | 프랑스 | 미국 | 중국 | 호주 |
|---|---|---|---|---|---|---|---|
| 1,718 | 1,245 | 1,220 | 880 | 867 | 736 | 627 | 534 |

(출처: 수자원장기종합계획 2001~2020)

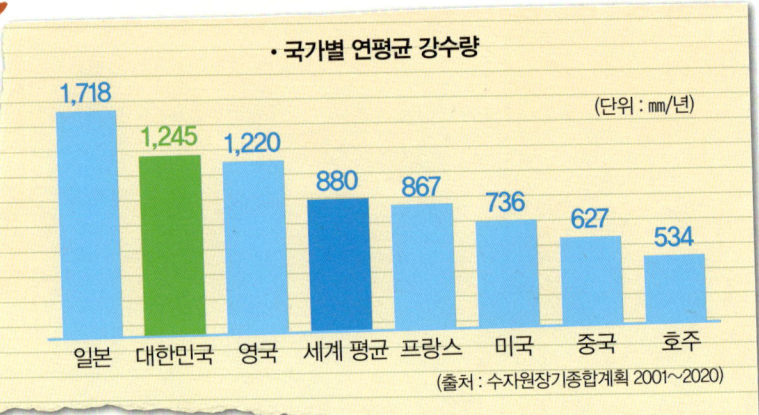

• 주요 국가별 1인당 연 강수 총량(㎥/인·년)

| 호주 | 미국 | 세계평균 | 프랑스 | 일본 | 영국 | 중국 | 대한민국 |
|---|---|---|---|---|---|---|---|
| 216,162 | 25,022 | 19,635 | 8,069 | 5,107 | 4,969 | 4,693 | 2,591 |

(단위: ㎥)

(출처: 수자원장기종합계획 2001~2020)

## 1인당 연 강수 총량은 적은 편이에요

우리나라는 나라 면적에 비해 인구가 많아요. 그래서 1인당 연 강수 총량은 2,591㎥로, 세계 평균인 19,635㎥에 비하면 $\frac{1}{8}$밖에 안 되는 적은 양이지요. 이때 1인당 연 강수 총량은 국토 면적에 강수량을 곱한 수량이에요.

● **수돗물은 많이 쓰는 편이에요**

정수장에서 공급한 수돗물의 양을 급수량이라고 해요. 2016년 우리나라 1인당 하루 물 급수량은 280L였지요. 덴마크나 독일, 영국 등과 비교할 때 우리나라 사람들이 물을 많이 사용한다는 것을 알 수 있지요.

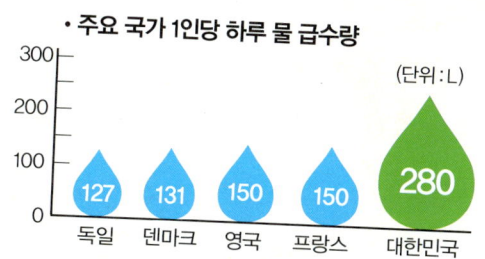

· 주요 국가 1인당 하루 물 급수량 (단위: L)

| 독일 | 덴마크 | 영국 | 프랑스 | 대한민국 |
|---|---|---|---|---|
| 127 | 131 | 150 | 150 | 280 |

(출처: 글로벌 수처리 사업 조사기관 GWI, 2016)

· 국가별 1인당 연간 재생 가능 수자원량 (단위: ㎥/인)

| 순위 | 국가명 | 수자원량 |
|---|---|---|
| 1 | 아이슬란드 | 579,931 |
| 3 | 콩고 | 282,660 |
| 6 | 가봉 | 133,754 |
| 8 | 캐나다 | 93,140 |
| 42 | 스웨덴 | 20,202 |
| 77 | 체코 | 5,682 |
| 91 | 멕시코 | 3,614 |
| 93 | 프랑스 | 3,351 |
| 96 | 북한 | 3,207 |
| 103 | 스페인 | 2,808 |
| 116 | 덴마크 | 2,456 |
| 130 | 대한민국 | 1,488 |
| 150 | 요르단 | 132 |

(출처: water for people, water for life–The United Nations World Water Development Report, 2003)

● **다시 쓸 수 있는 물은 많지 않아요**

우리나라에서 정화하여 다시 쓸 수 있는 물의 양은 180개 나라 중 130위를 차지할 정도로 적어요. 삼면이 바다로 둘러싸여 있고, 금수강산이라 할 정도로 물이 풍부한 것 같지만 실제로 쓸 수 있는 물은 아주 적은 양이지요.

● **앞으로 물은 점점 더 부족해질 거예요**

2020년에는 26억 3300만㎥의 물이 부족할 것으로 예상해요. 앞으로도 깨끗한 물을 계속 사용하고 싶다면, 우리가 먼저 물을 아끼고 더럽히지 말아야 해요.

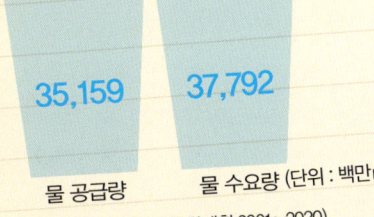

· 2020년 우리나라 물 공급량과 수요량

| 물 공급량 | 물 수요량 |
|---|---|
| 35,159 | 37,792 |

(단위: 백만㎥/년)
(출처: 수자원장기종합계획 2001~2020)

# 물 오염을 막자

한 번 더러워진 물을 깨끗하게 정화하는 것은 쉬운 일이 아니에요. 엄청난 양의 깨끗한 물이 필요하지요. 예전에는 배출되는 오염 물질이 적어 자연적으로도 정화가 가능했으나 지금은 복잡한 과정을 거쳐야 하지요.

● 오염된 물을 되살리는 데 필요한 물의 양이에요

- 간장 50mL는 **105만mL의 물**
- 식용유 50mL는 **150만mL의 물**
- 된장찌개 150mL는 **75만mL의 물**
- 우유 150mL는 **300만mL의 물**
- 라면 국물 150mL는 **30만mL의 물**

물이 다시 깨끗해지려면 많은 돈과 시간이 필요해.

물을 가장 많이 오염시키는 것 중 하나는 하수도로 흘러 들어가는 음식물 찌꺼기예요. 환경부가 조사한 '음식 국물 등의 오염도와 정화에 필요한 물의 양'에 따르면 우유 150mL를 물고기가 살 수 있을 정도로 깨끗하게 정화하려면 300만mL의 물이 필요해요. 즉 2만 배의 물이 필요한 거지요.

## 물 오염을 줄이는 방법을 알아보아요

### 지킴이 수칙 1
**세제 사용을 줄이고, 천연 세제 사용하기**

천연 성분으로 만들어진 세제로 빨래와 설거지를 해요. 샴푸 대신 비누를 사용하면 수질 오염을 줄일 수 있지요.

### 지킴이 수칙 2
**사용한 물도 함부로 버리지 않기**

쌀을 씻은 물은 설거지를 할 때나 화분에 물을 줄 때 사용해요. 빨래할 때 마지막으로 헹군 물은 걸레를 빨거나 바닥을 청소할 때 쓰면 좋지요.

### 지킴이 수칙 3
**음식은 먹을 만큼만 만들고 남기지 않기**

음식은 먹을 수 있는 만큼만 만들어요. 또 음식점에서 남은 음식은 집으로 싸 가지고 가요.

### 지킴이 수칙 4
**물을 아껴서 사용하기**

양치나 세수를 할 때는 반드시 물을 받아 놓고 써요. 설거지나 차를 청소할 때도 물을 통에 받아서 사용해요. 화장실 변기에는 벽돌이나 물이 가득 든 작은 생수병을 넣어 두어요.

### 지킴이 수칙 5
**계곡이나 강, 바다를 더럽히지 않기**

계곡물에 소변을 보거나 쓰레기를 버리면 안 돼요. 몸을 씻거나 설거지, 빨래도 하지 말아야 하지요. 자연환경은 우리 모두의 것이므로 소중하게 여기는 마음이 필요해요.

# 5장 생태계 파괴 이야기

생태계는 생물이 서로 영향을 주고받으며 살아가는 세계예요. 생태계에 살고 있는 생물은 생산자, 소비자, 분해자로 나눌 수 있어요. 토끼풀과 느티나무 같은 식물은 생산자, 기린과 호랑이 같은 동물은 소비자, 세균과 곰팡이는 분해자가 되어 먹이 사슬을 이루며 조화롭게 살아간답니다. 그러나 환경 문제로 생태계의 균형이 깨지면서 많은 동식물이 멸종되었거나 멸종될 위기에 놓여 있어요. 생태계 파괴는 동식물이 멸종되는 것으로 그치지 않아요. 생태계가 파괴되면 사람도 심각한 피해를 입어요. 따라서 생태계의 조화를 깨뜨리지 않도록 환경 보호에 힘써야 해요.

 생태계 파괴 이야기

# 동식물이 사라지고 있어요

전 세계적으로 생물의 다양성이 줄어들고 있어요. '생물 다양성'이란 지구에 존재하는 생물 종류의 다양성, 생물이 지닌 유전자의 다양성, 생물이 살아가는 생태계의 다양성을 모두 합한 말이에요. 다시 말해 생물 다양성이 줄어들었다는 뜻은, 한 지역 안에 살고 있는 생물의 종이 계속 줄어들고 있으며, 생물의 유전적 다양성이 떨어지고, 생물이 살아가는 서식지가 부족해졌다는 거예요.

### 생물 다양성의 위기

오늘날 생물 다양성은 과거 어느 시기보다 빠르게 줄어들고 있어요. 통계에 따르면, 지구에는 약 1000만 종의 생물이 산다고 해요. 이 가운데 멸종되는 생물이 해마다 4만 종이나 된답니다. 특히 개구리와 두꺼비 같은 양서류가 위험해요. 양서류는 3억 5000만 년 동안 지구에 존재했고, 세 차례의 대규모 멸종 위기에서도 살아 남았지만, 최근 세계 여러 곳에서 정확한 원인이 밝혀지지 않은 채 빠르게 사라지고 있어요.

우리나라도 이미 멸종했거나 멸종 위기에 놓인 동식물이 점점 많아지고 있어요. 일제 강점기 때까지만 해도 우리나라 곳곳에서 볼 수 있었던 한국 호랑이가 이제는 보기 힘들어졌어요. 북한과 중국, 러시아를 통틀어도 몇 마리 남아 있지 않다고 해요.

## 우리나라의 멸종 위기 동식물

**한국호랑이**
백두산호랑이, 시베리아호랑이라고도 불린다. 사람들이 가죽을 얻기 위해 마구 잡으면서 멸종 위기에 처했다.

**산양**
천연기념물 제217호로, 사람들이 한약재나 박제에 쓰려고 잡아서 급격히 사라지고 있다.

**검독수리**
벌목 때문에 살 곳이 없어져 전 세계적으로 17만 마리 정도만 남았다.

**수달**
환경 오염으로 살아갈 곳이 점점 없어지고, 가죽을 얻으려는 사람들 때문에 숫자가 줄었다.

**가시연꽃**
꽃자루와 잎에 가시가 돋아 있다. 환경부에서 멸종 위기 야생 생물로 보호하고 있다.

**미선나무**
우리나라에만 사는 나무이다. 환경부에서 멸종 위기 야생 생물로 보호하고 있다.

내가 좋아하는 동물과 식물이 사라지고 있어.

## 생물 다양성이 줄어드는 까닭

생물 다양성이 줄어드는 까닭으로는 크게 네 가지가 있어요.

첫째는 숲이 파괴되면서 동식물의 서식지가 없어지거나 줄어들기 때문이에요. 사람들이 농사지을 땅을 마련하기 위해, 가축을 키우기 위해, 또 집을 짓기 위해 숲을 없애고 있어요.

둘째는 고기와 가죽 등을 얻기 위해 동물을 마구 죽이고, 농약 같은 화학 물질을 지나치게 사용해 식물을 없애기 때문이에요.

셋째는 생활 하수와 폐수, 자동차에서 나오는 배기가스, 그리고 공장에서 뿜어져 나오는 매연 등으로 환경이 많이 오염되었기 때문이에요.

마지막으로 외래종이 들어와 동식물의 서식지 환경을 변화시키는 것도 생물 다양성이 줄어드는 원인이에요. 외래종은 상업적으로 이용하려고 수입하는 경우도 있고, 사람들이 해외 여행을 하다가 무심코 들여오는 경우도 있어요. 그중 살아남은 외래종은 토종을 밀어내고 기존 생태계를 무너뜨려요.

## 생물 다양성 보존을 위한 세계의 노력

생물 다양성이 급속하게 줄어들자 이를 막기 위해 세계 여러 나라가 뜻을 모았어요. 1992년 브라질 리우데자네이루에서 열린 세계 환경 회의에서는 전 세계 158개국이 생물 다양성 협약에 서명했지요.

이 협약은 생물 다양성을 보전하고 생물 자원을 후손들도 이용할 수 있도록 여러 가지 실천 방법을 담고 있어요. 훼손된 서식지를 회복하고 멸종 위기에 놓인 동식물을 보호하며 도로와 댐의 건설이 환경에 미치는 영향을 평가하여 공사에 반영한다는 내용이 들어 있어요.

### 멸종 위기의 동식물을 보호하는 야생 동식물 종의 국제 거래에 관한 협약(CITES)

야생 동식물 종의 국제 거래에 관한 협약(Convention on International Trade in Endangered Species of Wild Flora and Fauna)은 1973년 3월 3일 미국 워싱턴에서 채택되어서 '워싱턴 협약'이라고도 한다. 이 협약에서는 멸종 위기에 처한 야생 동식물을 정해서 함부로 죽이거나 불법으로 사고팔지 못하게 보호하고 있다. 황새와 따오기, 흑두루미, 산양, 수달, 반달가슴곰, 쇠고래 등 33,000여 종이 보호 대상이다. 우리나라도 1993년 7월 9일 이 협약에 가입했다.

불법 사냥으로 희생된 호랑이의 가죽

생태계 파괴 이야기

# 열대 우림이 위험해요

    열대 우림은 세계에서 나무의 종류가 가장 다양하고 많은 지역이에요. 일 년 내내 기온이 높고 비가 많이 내리는 적도 가까이에서 나타나는데, 아시아와 아프리카, 중앙아메리카, 태평양 제도 등 넓은 지역에 걸쳐 나타나지요. 가장 넓은 열대 우림은 아마존 강 유역에 있는데, 남아메리카 면적의 $\frac{1}{3}$ 정도를 차지해요.

    열대 우림에는 전 세계 생물 종의 절반 이상이 살고 있다고 알려져 있어요. 다양한 식물이 자라고, 온갖 동물이 살아가지요. 특히 이곳에 있는 수많은 나무는 이산화탄소를 흡수하고 산소를 내뿜어 지구의 공기를 맑게 하는 데 큰 역할을 해요. 지구 산소의 30% 이상을 공급하기 때문에 '지구의 허파'라고 불리기도 해요. 또 많은 양의 이산화탄소를 흡수하여 지구의 기온을 안정적으로 유지시켜 주어서 지구 온난화 현상이 일어나지 않게 해 주지요. 이 밖에도 사람들은 열대 우림에서 생활에 필요한 목재와 과일 등의 음식물을 얻기도 해요.

    그런데 오늘날 열대 우림은 심각한 위기에 처해 있어요. 무자비한 개발로 열대 우림이 빠르게 파괴되고 있거든요. 사람들은 열대 우림의 울창한 숲을 베어 내고 농지를 만들거나 도시를 세웠어요. 또 금과 은 같은 광물이나 목재를 얻기 위해 숲을 훼손시켰지요. 산불이 일어나 열대 우림이 사라지기도 했어요.

현재 지구 전체의 14% 정도를 차지했던 열대 우림이 6~7% 정도로 줄어들었어요. 이렇게 계속 열대 우림이 사라진다면 그 피해는 모두 우리에게 돌아올 거예요. 지구 환경이 걷잡을 수 없이 나빠지기 때문이에요. 이산화탄소를 흡수하는 나무들이 사라지면 지구 온난화가 심해질 것이고, 그에 따라 빙하가 녹아 해수면이 높아지면서 물속에 잠기는 나라가 생길 거예요.

### 고릴라의 생명을 위협하는 휴대 전화

현대인의 삶에서 빼놓을 수 없는 휴대 전화는 열대 우림에서 살아가는 고릴라에게는 생존을 위협하는 물건이다. 휴대 전화의 주요 부품 원료로 쓰이는 콜탄 때문이다. 수많은 사람이 휴대 전화를 쓰게 되면서 콜탄 값이 계속 올랐다. 사람들은 콜탄을 캐기 위해 아프리카 콩고에 있는 광산으로 몰려들었다. 그 결과 고릴라의 서식지가 훼손되면서 생명이 위협받게 된 것이다.

생태계 파괴 이야기

# 땅이 사막으로 바뀌고 있어요

'사막화'는 기름진 땅이 점점 사막처럼 쓸모없는 땅으로 바뀌는 것을 말해요. 국제 연합 환경 회의에 따르면 지구 전체 육지 면적의 47.2%가 건조 지역에 포함된다고 해요.

그렇다면 기름진 땅이 사막으로 바뀌게 된 원인은 무엇일까요?

우선 화전을 들 수 있어요. 화전이란 산이나 들에 불을 질러 식물을 태우고, 그 자리에 밭을 만들어 농사를 짓는 것을 말해요. 화전을 하면 숲이 사라지게 되기 때문에 땅이 점점 메마르게 되지요. 또 화전은 숲에 살던 동물과 식물을 죽이는 문제를 낳아요.

가축을 들판에 놓아기르는 방목도 사막화를 재촉하지요. 소와 양, 염소 등 많은 가축이 엄청난 양의 풀을 뜯어 먹어서 땅을 메마르게 해요. 또 가축들이 풀을 다 먹은 뒤 다른 곳으로 이동하면서 땅을 단단하게 만들기 때문에 풀이 자라지 못해요. 이렇게 풀이 자라지 못하면 흙이 바람에 날리면서 사막화가 이루어지지요.

세계 곳곳에서는 사막화 현상을 막기 위해 다양한 활동이 적극적으로 이루어지고 있어요. '사헬 그린벨트 계획'과 '그린 어스 계획'이 대표적인 활동이에요. 사헬 그린벨트 계획과 그린 어스 계획은 사막화가 심각한 사하라 사막의 사헬 지방과 이집트 건조 지대를 지키기 위한 것이지요. 중국 정부에서도 사막이 확대되는 것을 막기 위해 나무 심기에 노력하고 있어요.

생태계 파괴 이야기

# 습지가 살아야 생물도 살아요

　습지는 물기가 많은 축축한 땅을 말해요. 늪과 갯벌 같은 습지는 우리가 자연과 더불어 살아가는 데 아주 중요한 역할을 하지요.

　습지는 수많은 생물이 살아가는 생태계의 보물 창고랍니다. 습지의 흙에는 영양분이 풍부하게 들어 있어 다양한 생물이 살아가기에 좋은 환경을 마련해 주기 때문이지요.

　습지는 오염 물질을 걸러 주는 거대한 정수기 역할도 해요. 늪에 사는 식물은 더러운 물을 깨끗하게 만들어 주거든요. 갯벌에 사는 생물도 육지에서 하천을 따라 흘러온 오염 물질을 분해해서 바닷물을 깨끗하게 만들어요.

　또한 습지는 자연재해를 막아 주어요. 비가 많이 오면 늪은 커다란 저수

지 역할을 해요. 갯벌은 해일이 육지 쪽으로 곧장 밀려들지 못하도록 막지요.

사람들에게도 습지는 중요해요. 사람들은 늪에서 물고기를 잡거나 늪 주변에서 농사를 지어요. 갯벌에서는 조개와 굴 등 어패류를 캐거나 소금을 만들며 살아간답니다.

순천만 흑두루미(천연기념물 제228호)

우리나라 서해안 갯벌은 세계 5대 갯벌에 들 정도로 그 가치가 뛰어나답니다. 특히 명승 제41호로 지정된 순천만 갯벌은 풍경이 아름답고 흑두루미, 노랑부리저어새, 고니 등 희귀한 새들도 찾아오는 곳이지요.

하지만 땅을 넓히는 간척 사업이 벌어지고 환경 오염이 심해지면서 습지가 점점 더 파괴되고 있어요. 습지가 사라진다면 생태계에 엄청난 변화가 생길 거예요. 또 어장이나 양식장도 없어지고 자연재해로 인해 커다란 피해를 입을 수도 있지요.

### 람사르 협약으로 보호되는 우리나라 습지

람사르 협약(Ramsar Convention)은 1971년 이란의 람사르에서 체결됐다. 습지의 중요성을 널리 알리고 보존하기 위해 만들어진 최초의 국제적인 조약이다. 여러 나라의 국경을 넘나드는 물새를 국제 자원으로 정하고, 이를 보호하려면 무엇보다 습지를 잘 보존해야 한다고 결의하였다. 람사르 협약에 따라 세계 주요 습지가 람사르 습지로 지정되었다. 따라서 람사르 협약에 가입한 나라들은 습지 보전 정책을 세워서 반드시 이를 실천해야 한다.

우리나라도 세계에서 101번째로 람사르 협약에 가입하여 습지를 보호하려고 여러 가지 노력을 기울이고 있다. 우리나라의 대암산 용늪, 창녕 우포늪, 신안장도 산지습지, 강화도 매화마름군락지, 순천만·보성·벌교 갯벌, 물영아리오름의 습지 등도 람사르 습지로 지정되어 국제적으로 보호받고 있다.

생태계 파괴 이야기

# 지구의 희망, 나무를 심어요!

나무처럼 변함없이 사랑과 희생을 베푸는 친구가 또 있을까요?

나무로 가득한 숲은 다양한 생명체가 풍족하게 살아갈 수 있는 최고의 보금자리예요. 또 나무는 산소를 내뿜어서 지구의 공기를 맑고 깨끗하게 만들고, 지구 온난화를 막아 준답니다.

그뿐만이 아니에요. 비가 많이 올 때는 홍수가 나지 않게 하고, 가뭄이 들 때는 모아 두었던 물을 내보내요. 그래서 숲을 '녹색 댐'이라고 부르기도 해요.

## 환경백과

### 나무를 심는 사람들

노벨상을 수상한 왕가리 마타이는 케냐의 그린벨트 운동을 시작한 환경운동가다. 케냐 사람들이 물 부족과 가난, 영양 결핍으로 고통받는 모습을 보고 1977년 그린벨트 운동을 펼치기 시작하여 전국에 1200만 그루의 나무를 심었다.

나무들의 엄마, 왕가리 마타이

사막에 나무를 심은 여인, 인위쩐

인위쩐은 약 40년 전 중국의 4대 사막 중 하나인 모오스 지역에 나무를 심기 시작했다. 거센 모래바람과 싸우며 묘목을 구하러 장장 19km를 소를 끌고 다녔다. 그 결과 모오스 지역은 숲이 많아졌다.

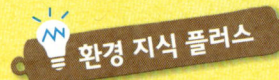

# 숫자와 지도로 보는
# 멸종 위기 동식물

지구라는 생태계 안에서 우리는 모두 연결되어 있어요. 그래서 생태계가 파괴되는 것은 결코 남의 일이 아니에요. 그렇다면 현재 얼마나 많은 동식물이 멸종 위기에 처해 있을까요?

● **식물의 68%가 사라질 위기에 처해 있어요**

2010년 12월 기준으로 척추동물의 20%, 무척추동물의 30% 정도가 멸종 위협을 받고 있어요. 무엇보다 식물은 전체 식물 종 가운데 68%나 멸종 위기를 겪고 있는 상황이랍니다.

• 세계 멸종 위기 동식물 종 수

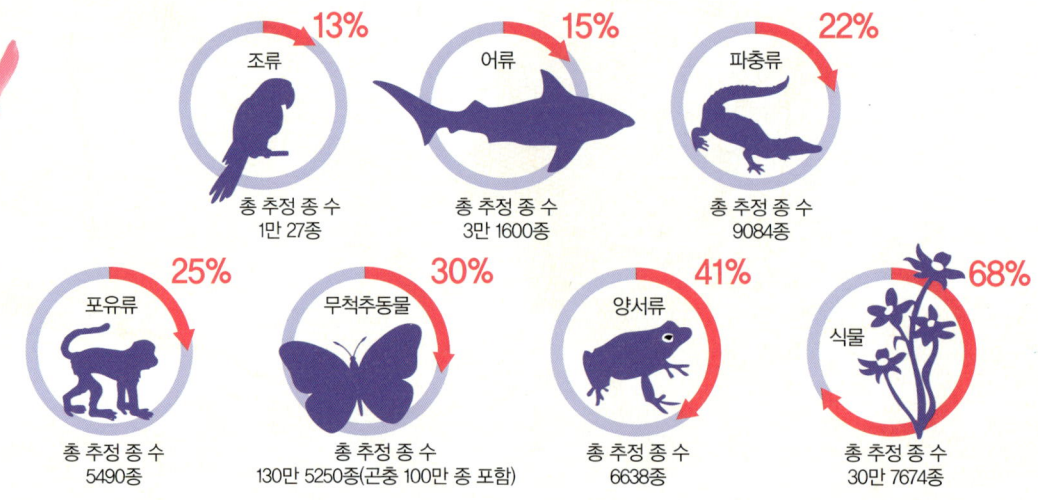

(출처 : 세계자연보전연맹(IUCN) 의 생물 종 연구 결과)

● **멸종 위기 동식물이 빠르게 늘어나고 있어요**

지난 1970년부터 2006년까지 36년 동안 지구상에 서식하는 생물 종의 31%가 사라졌어요. 지구상에 총 4만 7000여 종이 위기 종에 있으며 그중 8,200여 종은 심각한 위기에 처해 있어요.

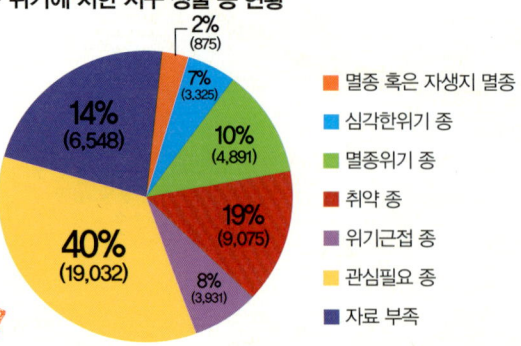

(출처 : 제3차 생물다양성 전망 보고서(UNEP) 2010)

## 우리나라에도 멸종 위기에 처한 동식물이 많아요

한반도에서 사는 동식물은 총 61,230종이에요. 그중에서 멸종 위기에 처해서 환경부에서 보호하는 동식물은 2023년 기준 282종이에요. 조류와 식물이 가장 많은 편이랍니다.

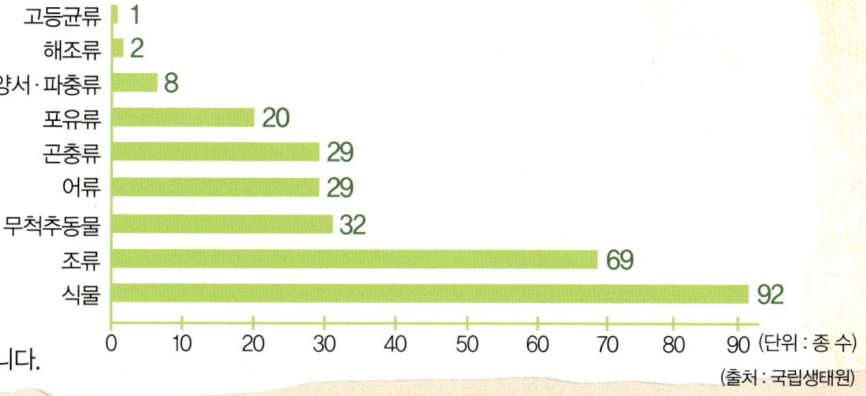

• 우리나라 멸종 위기 생물 종 수(2023)

| 분류 | 종 수 |
|---|---|
| 고등균류 | 1 |
| 해조류 | 2 |
| 양서·파충류 | 8 |
| 포유류 | 20 |
| 곤충류 | 29 |
| 어류 | 29 |
| 무척추동물 | 32 |
| 조류 | 69 |
| 식물 | 92 |

(단위 : 종 수)
(출처 : 국립생태원)

## 동식물의 멸종은 세계적인 문제예요

아시아와 유럽, 아프리카와 아메리카까지 멸종 위기에 처한 동식물이 없는 나라는 없어요. 동남아시아와 남아시아, 아메리카와 오세아니아 대륙에 멸종 위기 종이 많이 분포하고 있어요. 멸종 위기에 처한 동식물이 많다는 것은 자연환경이 그만큼 많이 파괴되었다는 뜻이에요. 동식물이 살기 어려운 환경에서는 결국 사람도 살 수 없을 거예요. 따라서 전 세계 모든 나라가 동식물을 보호하고 지켜야 해요.

• 멸종 생물 지도 (단위 : 종 수)

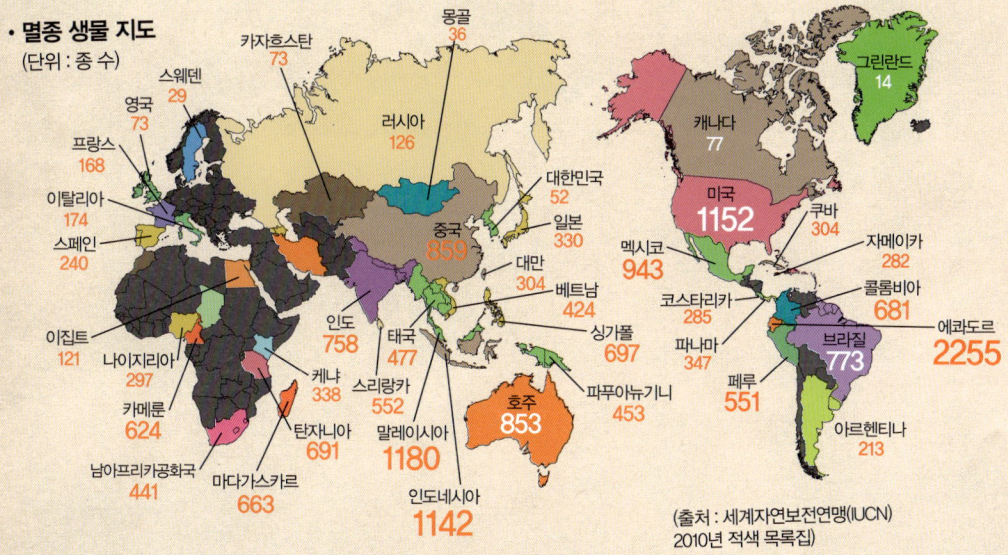

| 국가 | 종 수 |
|---|---|
| 스웨덴 | 29 |
| 영국 | 73 |
| 프랑스 | 168 |
| 이탈리아 | 174 |
| 스페인 | 240 |
| 카자흐스탄 | 73 |
| 러시아 | 126 |
| 몽골 | 36 |
| 대한민국 | 52 |
| 일본 | 330 |
| 중국 | 859 |
| 대만 | 304 |
| 베트남 | 424 |
| 싱가포르 | 697 |
| 파푸아뉴기니 | 453 |
| 이집트 | 121 |
| 나이지리아 | 297 |
| 카메룬 | 624 |
| 남아프리카공화국 | 441 |
| 케냐 | 338 |
| 스리랑카 | 552 |
| 탄자니아 | 691 |
| 마다가스카르 | 663 |
| 인도 | 758 |
| 태국 | 477 |
| 말레이시아 | 1180 |
| 인도네시아 | 1142 |
| 호주 | 853 |
| 캐나다 | 77 |
| 미국 | 1152 |
| 쿠바 | 304 |
| 자메이카 | 282 |
| 멕시코 | 943 |
| 코스타리카 | 285 |
| 파나마 | 347 |
| 콜롬비아 | 681 |
| 에콰도르 | 2255 |
| 페루 | 551 |
| 브라질 | 773 |
| 아르헨티나 | 213 |
| 그린란드 | 14 |

(출처 : 세계자연보전연맹(IUCN) 2010년 적색 목록집)

• 2010년 적색목록집(세계자연보전연맹에서 발간하는 멸종 위험이 높은 생물을 선정하여 이들 종의 분포 및 서식 현황을 수록한 자료집)에 나온 우리나라 멸종 위기 동식물은 52종이나 우리나라 환경부에서 2010년에 지정한 멸종 위기 동식물은 212종이다.

# 6장 쓰레기와 생활 오염 이야기

환경 오염이라고 하면 공기와 물, 땅이 오염된 모습이 떠올라요. 하지만 사람들이 생활하는 곳의 환경 오염 문제도 심각해요. 특히 자연환경과 생활 환경을 모두 오염시키는 쓰레기가 가장 심각한 문제예요. 1700년대 후반 산업 혁명이 일어나기 전까지 사람들은 쓰레기를 가축 사료나 비료, 연료 따위로 재활용했어요. 산업 혁명으로 산업이 발달하고 도시화가 진행되면서 산업 쓰레기와 넘쳐 나는 생활 쓰레기는 환경 문제가 되었어요. 각종 유해 물질과 자동차나 기계 등에서 발생하는 소음 또한 환경 오염의 한 종류예요.

 쓰레기와 생활 오염 이야기

# 쓰레기의 종류에는 무엇이 있나요?

우리는 살면서 수많은 물건을 사용하지요. 그러다가 더 이상 필요가 없어지면 버려요. 이렇게 버려진 것을 '쓰레기' 혹은 '폐기물'이라고 해요.

쓰레기는 생활 폐기물과 사업장 폐기물로 나눌 수 있어요. 생활 폐기물은 가정이나 작은 사업장에서 나오는 여러 가지 쓰레기예요. 포장된 물건 때문에 생기는 종이, 플라스틱, 스티로폼 따위와 망가지거나 부서진 가전 제품, 소형 가구가 많아요. 또한 음식물 쓰레기도 생활 폐기물에 큰 몫을 차지해요.

사업장 폐기물은 공장이나 대형 유통 센터에서 나오는 대형 쓰레기, 건설 현장에서 나오는 콘크리트 구조물, 벽돌, 철골 구조물, 정원의 폐기물 등이에요. 이 밖에 가로수의 나뭇가지, 취사 난방용으로 쓰고 남은 기름, 가축의 분뇨와 사료 찌꺼기 등이 있어요.

산업 기술이 발달할수록 우리의 생활은 편리해져요. 하지만 그만큼 쓰레기도 늘어나고 있어요. 우리나라에서는 2023년에 날마다 약 48만 톤의 폐기물이 버려졌어요. 이 가운데 생활 폐기물은 약 4만 5000톤에 달해요. 이것은 국민 1인당 하루에 약 0.8kg의 생활 폐기물을 버리고, 3명이 사는 한 가정이 일 년에 1톤 트럭 한 대의 쓰레기를 버린 셈이랍니다.

사업장 폐기물

쓰레기와 생활 오염 이야기

# 내가 버린 쓰레기는 어떻게 되나요?

집에서 배출되는 쓰레기는 크게 생활 폐기물, 음식물 쓰레기, 재활용품 및 대형 폐기물로 나눠요. 이런 폐기물은 종류마다 처리 방법이 달라요.

생활 폐기물은 종량제 봉투에 담아 정해진 장소에 내놓으면 환경미화원이 가져가요. 수거된 폐기물은 자원 회수 시설(소각장)이 있는 지역은 자원 회수 시설로 옮겨 소각해요. 그렇지 않은 지역에서는 중간 집하장으로 옮긴 다음 압축시키고 매립지로 옮겨 땅에 묻어요.

음식물 쓰레기는 수분이 80% 정도여서 썩기 쉬워요. 하지만 음식물 쓰레기를 그냥 묻으면 악취가 날 뿐만 아니라 오염 물질 때문에 땅과 물을 오염시키지요. 그래서 2005년부터 음식물 쓰레기를 매립지에 직접 묻는 것이 금지되었어요. 음식물 쓰레기를 그대로 태우려면 열에너지가 많이 필요해요. 그래서 음식물 쓰레기는 전문 처리 업체에서 가축의 사료나 퇴비로 만들고 남은 것만 태우고 묻도록 했어요. 2013년부터 음식물 쓰레기 종량제를 시행하고 있어요. 음식물 쓰레기를 버린 만큼만 수수료를 내는 거예요.

재활용품은 종이류, 병류, 캔류, 플라스틱류, 고철류, 의류 등으로 분리해서 내놓아야 해요. 지방 자치 단체에서 이것을 수거하여 재분류하지요. 그 뒤 재활용업체 등에 팔아요.

대형 폐기물이란 종량제 봉투에 담기 어려운 가전 제품과 가구류 따위를 말해요. 대형 폐기물을 버릴 때에는 주민 센터에 신고를 하고, 정해진 수수료를 내지요. 그리고 그것을 증명하는 스티커를 받아 대형 폐기물에 붙여서 정해진 날짜와 장소에 내놓으면 돼요. 대형 폐기물 중에서 목재류는 부수고, 철재 등 금속류는 재활용한답니다.

2023년에는 폐기물 가운데 86.0%가 재활용됐고, 매립 5.0%, 소각 5.6%, 기타 배출은 3.4%였어요. 다행히 매립되는 양은 줄어들고, 재활용되는 쓰레기가 많아지고 있어요. 결국 쓰레기는 잘 활용하면 환경도 살리고, 돈도 될 수 있어요.

### 우리나라 폐기물 처리 방법의 변화 추이

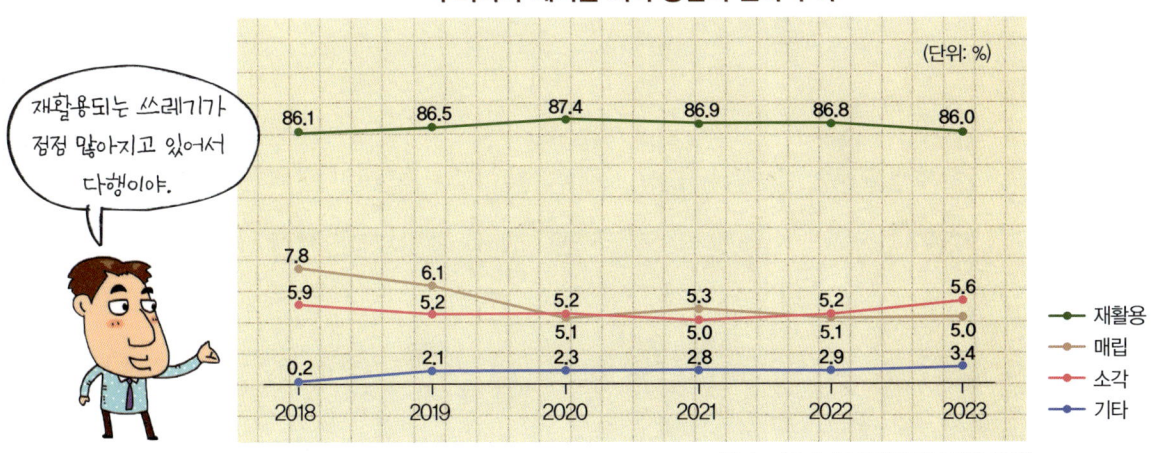

(출처: 전국 폐기물 발생 및 처리 현황, 2023)

 쓰레기와 생활 오염 이야기

# 쓰레기를 태우면 어떤 문제가 있나요?

쓰레기를 태워서 없애면 어떤 일이 일어날까요? 쓰레기를 태워서 없애는 것은 올바른 쓰레기 처리 방식일까요?

### 가장 간단한 쓰레기 처리 방법, 소각

쓰레기를 처리하는 1차적인 방법은 압축해서 쓰레기의 부피를 줄이거나 태워서 없애는 거예요. 대도시 곳곳에는 '자원 회수 시설'이라는 쓰레기 소각장이 있어요. 이곳에서는 쓰레기를 태울 때 발생하는 높은 열로 전기를 만들고, 주변 지역에 따뜻한 물과 난방을 공급해요. 자원 회수 시설의 가장 좋은 점은 버려지는 열을 다시 쓰기 때문에 에너지를 절약할 수 있고, 오염 물질 배출량도 적어 환경 오염이 적다는 거예요.

쓰레기 소각로는 여러 가지 쓰레기를 한꺼번에 태우도록 설계되어 있어요. 이때 비닐이나 플라스틱 등이 타면서 사람들 몸에 나쁜 영향을 주는 독성 물질이 배출될 가능성이 있지요. 특히 소각로에서 나오는 가스는 일차적으로 지역 주민에게 피해를 주지만 결국 주변으로 퍼져 나가요.

소각로에서 나오는 독성 물질 중에서 특히 다이옥신을 주의해야 돼요. 다이옥신은 플라스틱류를 태울 때 많이 발생해요. 또 젖은 쓰레기를 태울 때도 다이옥신이 발생해요.

다이옥신은 단 1g만으로 몸무게 50kg이 나가는 어른 2만 명을 죽일 수도 있다고 알려져 있어요. 아주 극소량이라도 다이옥신을 계속 흡입하면 암에 걸릴 수 있으며, 불임과 기형아 출산의 원인이 된답니다.

## 몸속에 쌓이는 다이옥신

이처럼 위험한 다이옥신은 만들어지면 잘 분해되지 않아요. 다이옥신은 물에 잘 녹지 않아서 사람이나 동물의 몸속으로 들어오면 오줌으로 배설되지 않고, 몸속에 계속 쌓인답니다.

따라서 다이옥신은 최대한 생기지 않도록 해야 하며 생겨난 것은 없애야 해요. 정부에서는 쓰레기를 소각할 때 다이옥신을 완벽하게 제거할 수 있는 기술을 도입했다고 해요. 그래서 쓰레기 소각로에서 나오는 가스가 공기보다 더 깨끗하다고 말하고 있어요. 그렇지만 쓰레기 소각장에서 다이옥신을 깨끗하게 제거하더라도 발견하지 못한 독성 가스가 배출될 수 있어서 늘 조심해야 해요.

## 위험하고 돈도 많이 드는 소각장

쓰레기를 태워 없애는 방법의 또 다른 단점은 커다란 소각장은 비용이 많이 든다는 거예요. 커다란 소각장은 쓰레기의 양이 적어도 높은 열로 쓰레기를 태워야 하기 때문에 에너지의 낭비가 심해요. 에너지의 낭비를 막으려면 다른 지역의 쓰레기 소각장을 함께 이용하고, 꼭 필요하다면 규모가 작은 소각장을 만들어야 해요. 쓰레기 소각장은 아직까지 위험하고 돈도 많이 들기 때문에 소각장에서 쓰레기를 태우는 방법은 쓰레기를 처리하는 좋은 방법이라고 할 수 없어요.

## 환경 사건 사고

### 베트남 고엽제 사건

다이옥신의 위험성은 베트남 전쟁 때 알려졌다. 미군이 사용한 고엽제에 다이옥신 성분이 들어 있었던 것이다. 고엽제는 식물의 잎과 줄기를 말려 죽이는 제초제로, 미군은 베트남군의 은신처를 없애려고 정글에 고엽제를 뿌렸다. 이때 고엽제에 노출된 사람은 물론 그 자손까지 선천성 기형과 사산·유산 같은 후유증으로 고통받고 있다. 베트남 전쟁에 참전했던 우리 군인 중에도 고엽제로 고통받는 사람이 있다.

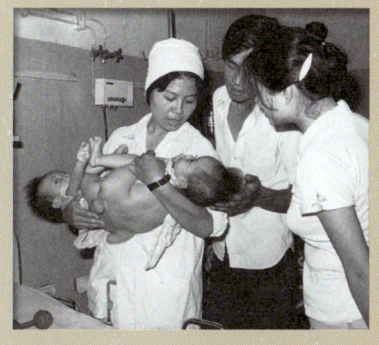

고엽제 후유증 때문에 기형으로 태어난 아이

### 일본의 가네미 사건

1968년 가네미 회사가 생산한 쌀겨로 짠 기름인 미강유가 다이옥신에 오염되었다. 지역 주민에게 피부, 손톱, 잇몸 부위가 검게 변하고, 온몸에 발진과 손발이 저리는 병이 공통적으로 발생했다. 사건이 생긴 다음 해에 피해자가 낳은 13명의 아기 가운데 2명이 사산되었고, 10명은 피부 갈색증에 시달렸다. 후유증은 훨씬 더 오랜 시간 계속되었다. 사건이 발생한 지 23년이 지난 뒤에 재조사한 결과, 남성 피해자의 암 발생률과 사망률이 다른 지역 사람보다 1.5배 높고, 특히 간암 사망률은 3.4배나 높은 것으로 나타났다.

쓰레기와 생활 오염 이야기

# 쓰레기를 묻으면 환경이 훼손돼요

쓰레기를 땅속에 묻는 매립은 쓰레기를 처리하는 마지막 방법이에요. 재활용이 곤란한 쓰레기는 소각 같은 중간 처리 단계를 거친 다음 매립되거나 곧바로 매립되지요.

쓰레기를 땅속에 묻는 것은 좋은 방법이 아니에요. 쓰레기가 썩으면서 여러 오염 물질이 흘러나와 토양과 지하수를 오염시키고, 몸에 해로운 유해가스를 발생하며 악취도 심하게 나기 때문이에요. 또 쓰레기가 썩어 완전히 사라지는 데까지 매우 오랜 시간이 걸린답니다.

이처럼 쓰레기를 아무 곳에나 매립하면 환경이 훼손돼요. 어쩔 수 없이 매립할 경우에는 꼭 오염 방지 시설을 갖춘 매립장에 해야 한답니다. 하지만 매립장을 지으려면 넓은 땅과 많은 돈이 필요해요.

수도권에 있는 쓰레기 매립장

지금처럼 쓰레기를 계속 매립하다가는 우리 후손들은 앞으로 발생한 쓰레기를 버릴 곳이 없어 '쓰레기 대란'이 일어날 수도 있어요.

그렇다고 무조건 매립장을 많이 지을 수도 없어요. 매립장을 지을 수 있는 조건이 되는 곳도 많지 않은 데다 매립장으로 선정된 지역의 주민들의 반대가 심하기 때문이에요. 사람들은 자기 고장에 쓰레기 매립장이 들어서는 것을 싫어해요. 쓰레기 매립장이 집 근처에 생기면 생활 환경이 나빠질 수밖에 없기 때문이에요. 그러므로 정부와 지방 자치 단체, 주민, 시민 단체가 함께 대화하고 노력해야 해요.

쓰레기 매립지의 기간 연장을 반대하는 지역 주민

### 산업 폐기물 때문에 사라진 마을, 러브커넬

1942년부터 10년 동안 미국의 후커 화학 회사는 러브커넬에 2만여 톤의 산업 폐기물을 매립했다. 폐기물에는 클로로벤젠, 염소, 다이옥신 같은 유독성 물질도 많이 포함되어 있었다. 그 뒤 러브커넬에 마을이 생겼는데, 1970년대가 되자 마을 사람들은 피부병과 호흡기 질환에 걸리거나 아기를 유산했다. 결국 사람들은 모두 다른 곳으로 이사를 하고, 러브커넬은 아무도 살지 않는 황폐한 땅으로 버려졌다.

쓰레기와 생활 오염 이야기

# 쓰레기를 수출한다고요?

쓰레기를 처리하는 문제는 심각한 골칫거리예요. 그래서 세계 여러 나라에서는 유독 물질이 많은 사업장 폐기물을 전문으로 처리하는 회사에 돈을 주고 폐기물을 처리하도록 하고 있어요. 그런데 폐기물 처리 회사 중에는 폐기물을 처리하는 비용을 아끼려고 폐기물을 바다에 버리기도 해요.

쓰레기를 처리하는 또 다른 방법은 쓰레기를 수출하는 것이에요. 쓰레기를 수출하는 나라는 대부분 부자 나라이고, 쓰레기를 수입하는 나라는 가난한 나라예요. 부자 나라는 자기네 나라 안에 더럽고 위험한 사업장 폐기물을 매립할 수 없다고 생각해서 수출을 해요. 가난한 나라는 사업장 쓰레기가 더럽고 위험하다는 것을 알면서도 수입하는 거고요.

1986년 8월에 키안시 호는 미국 필라델피아 시의 유해 폐기물 소각로에서 나온 카드뮴, 수은 등이 포함된 폐기물을 싣고 세계 여러 나라를 거쳐 싱가포르에 입항했어요. 그런데 미국에서 출발할 때 배에 실려 있던 폐기물이 모두 사라졌어요. '그린피스'라는 세계적인 환경 단체는 키안시 호가 대서양과 태평양에 폐기물을 모두 버렸다고 비판했지요. 논란이 커지자 키안시 호는 아프리카 아이티 섬 해변에 비료라고 속이고 내려놓은 폐기물을 2002년에 다시 미국으로 가져갔어요.

쓰레기를 바다에 버리는 행동은 해양 생태계를 파괴할 뿐만 아니라 바다 생물을 먹는 사람에게도 해를 입혀요.

### 폐기물을 수입하는 부자 나라 스웨덴

스웨덴은 물품은 재활용하고, 쓰레기는 소각하는 관습이 있다. 하지만 쓰레기를 에너지로 만드는 소각 시설은 많고 소각할 수 있는 쓰레기는 부족해서 쓰레기를 수입하고 있다.

스웨덴은 세계 최고의 쓰레기 재활용 시스템을 갖추고 있다. 가정에서 나오는 쓰레기의 대부분은 재생하거나 재활용되고 있다. 유럽 연합 통계청에 따르면 매립되는 쓰레기는 전체 쓰레기 양의 1%도 되지 않는다고 한다. 유럽 연합의 38%, 미국의 54%에 비하면 매우 적은 양이다.

쓰레기와 생활 오염 이야기

# 쓰레기를 줄이려면 어떻게 해야 하나요?

쓰레기 양이 빠르게 늘고 있어요. 우리는 되도록 쓰레기를 만들지 않아야 하고, 만들어진 쓰레기는 환경이 오염되지 않도록 처리해야 해요.

### 쓰레기를 되살리는 재활용과 재사용

재활용과 재사용은 쓰레기를 줄일 수 있을 뿐만 아니라 자원의 낭비를 막고 환경 오염을 줄이는 데에도 큰 효과가 있어요.

땅에 묻은 쓰레기가 썩어 없어질 때까지 스티로폼은 500년 이상, 플라스틱병은 100년 이상, 나무젓가락은 20년 이상 걸려요. 그런데 쓰레기를 분리 배출하면 40%가 재활용된다고 해요. 재활용은 쓰레기를 다시 쓸 수 있도록 만드는 것이에요. 플라스틱은 다시 플라스틱 제품으로, 폐지는 종이나 화장지로 만들어져요. 또 가까운 재활용 센터에 가면 깨끗하게 고친 재활용품이 가득해요.

쓰레기를 재활용하면 경제적으로도 많은 이득이 생겨요. 알루미늄으로 만든 음료수 캔은 한 해 동안 무려 56억 6000만 개가 사용되지요. 이 알루미늄 캔 하나를 재활용하면 텔레비전을 3시간 동안 볼 수 있는 에너지가 절약된다고 해요.

안 쓰는 물건을 파는 벼룩시장

하지만 땅속에 묻으면 무려 500년이 지나야 사라지지요. 또 종이 1톤을 재활용하면 30년이 된 나무 20그루를 베지 않아도 될 뿐만 아니라 종이를 만드는 데 드는 1,500L의 석유를 절약할 수 있어요.

우리 생활에서 가장 많이 나오는 쓰레기는 고철과 캔이에요. 그다음이 폐지, 플라스틱, 유리병 순이지요. 이것을 1%만 재활용해도 1년에 무려 639억 원의 이익이 생긴대요. 재활용 쓰레기는 종류별로 잘 분류해서 배출해야 돈과 시간을 줄일 수 있어요.

재사용은 내게 필요 없는 물건을 다른 사람에게 다시 쓰게 하는 것이지요. 상급 학교로 진학할 때 후배에게 가방이나 교복을 물려주거나 마음에 안 드는 물건을 필요한 다른 물건과 바꾸는 것이 좋은 예지요. 알뜰 장터에서는 필요한 물건을 서로 바꾸거나 약간의 돈을 받고 파는 경우도 있어요. 재사용은 쓰레기 처리 방법 중 가장 좋은 방법이랍니다.

## 쓰레기를 줄이려는 정부의 노력

정부에서는 식당이나 목욕탕 등에서 종이컵, 나무젓가락 같은 일회용품을 사용하지 못하도록 규제하고 있어요. 또 '폐기물 부담금' 제도와 '쓰레기 종량제', '음식물 쓰레기 종량제'를 실시해 쓰레기를 처리하는 데 드는 비용

서울시 재활용 쓰레기 배출 용기

을 발생량에 따라 부담하도록 했지요. 폐기물 부담금이란, 일회용품, 합성수지, 유독성 물질을 만들거나 수입하는 사람에게 쓰레기를 처리하는 비용을 부담하도록 하는 거예요. 쓰레기 종량제는 규격 봉투를 사서 쓰레기를 버리는 제도지요. 2013년부터 시행된 음식물 쓰레기 종량제는 버리는 만큼만 비용을 부담하는 제도예요.

## 쓰레기를 자원으로

그렇다면 재사용이나 재활용이 어려운 쓰레기를 처리하는 좋은 방법은 무엇이 있을까요? 음식물 쓰레기는 먼저 퇴비로 만들어 농사지을 때 땅에 뿌리면 좋아요. 또 재활용이 가능한 음식물은 동물 사료로 만드는 거예요. 하지만 사료를 만드는 과정에서 악취가 나거나 사료의 영양 불균형이 생길 수 있다는 단점이 있기는 해요. 이 밖에 에너지 자원으로 이용하는 방법이 있어요. 음식물 쓰레기를 이용하여 바이오 가스를 생산하거나 불에 타는 쓰레기를 연료로 재활용하여 전기를 만드는 방법이 연구되고 있지요.

### 생활 쓰레기 재활용률이 높은 우리나라

우리나라의 생활 쓰레기 재활용률은 49.2%에 달한다. 미국 23.8%, 일본 16.8%보다 2배 이상 높다. 우리나라에서 하루에 발생하는 쓰레기의 재활용률은 꾸준히 증가하여 2009년에는 전체 발생량의 81.1%가 재활용되었다. 이는 경제 개발 협력 기구(OECD) 가입 국가 중에서도 상위권에 속하는 수준으로, 우리나라는 높은 재활용률을 유지하고 있다.

| 국가 | 우리나라 | 스웨덴 | 미국 | 영국 | 일본 | 그리스 |
|---|---|---|---|---|---|---|
| 재활용률(%) | 49.2 | 33.9 | 23.8 | 17.4 | 16.8 | 8.1 |

(출처 : Cyclope 2009)

쓰레기와 생활 오염 이야기

# 집 안에도 유해 물질이 있어요

환경 오염은 자연환경에만 있는 것이 아니에요. 실내 오염 문제도 심각하지요. 실제로 대부분의 사람들은 집 안이나 교실, 차 안에서 무려 95%나 생활하기 때문에 실내 오염이 우리에게 더 큰 영향을 주어요.

### 실내 공기 오염의 원인인 화학 물질

실내 오염 중에서는 공기 오염이 가장 큰 문제예요. 세계 보건 기구(WHO)에 따르면 실내 오염 물질이 폐로 전달될 확률이 실외 오염 물질보다 약 1천 배나 높다고 해요. 대부분 실내에 있는 화학 물질에서 오염 물질이 나와요. 실내 공기 오염은 실내의 오염 물질이 밖으로 빠져나가지 못할 때 발생해요.

그럼 우리가 얼마나 다양한 화학 물질을 이용하는지 살펴볼까요? 우리가 늘 쓰는 가방, 옷, 안경, 신발 등은 화학 물질로 된 것이 많아요. 집 안에 있는 컴퓨터, 의자, 책상, 텔레비전뿐만 아니라 화장품, 샴푸, 세제, 표백제, 탈취제 등 평소에 자주 쓰는 생활용품도 화학 물질로 이루어져 있지요.

### 실내 공기 오염의 피해

먼지나 가스 형태를 띤 화학 물질은 숨을 쉴 때마다 몸속으로 들어와요. 몸속으로 들어온 화학 물질은 기관지나 폐에 달라붙지요. 그 결과 눈이나

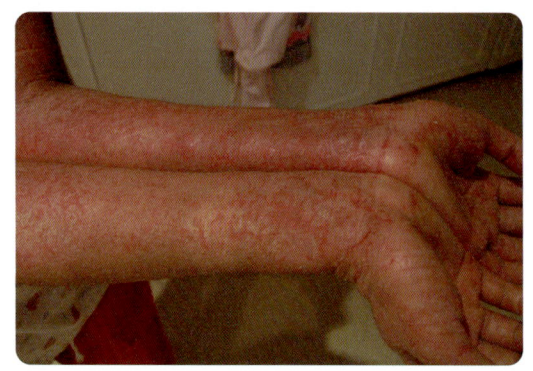
아토피 피부염에 걸린 사람의 팔

목이 따갑고, 현기증이 나며, 머리가 아파요. 심해지면 기관지염이나 천식 같은 호흡기 질환에 걸리기도 하지요. 더구나 화학 물질이 몸속에 계속 쌓이게 되면 심각한 병이 생기기도 합니다.

특히 집이나 학교를 새로 지었을 때는 화학 물질이 더 많이 나와 실내 공기가 오염되고, 그곳에 사는 사람들에게 여러 가지 질환이 생길 수 있어요. 어린아이들에게 많이 생기는 아토피 피부염이 대표적인 질환이에요. 이를 '새집 증후군'과 '새 학교 증후군'이라고 하지요.

집 안의 건축 자재, 가구와 생활용품에서 나오는 화학 물질은 사람들의 면역 체계를 교란하는 환경 호르몬이라는 물질을 만들기까지 해요.

환경 호르몬이라는 말은 이 물질이 몸속에 들어오면 진짜 호르몬처럼 작용한다고 해서 붙여졌어요. 환경 호르몬을 유발하는 것으로 추정되는 물질로는 농약류와 다이옥신, 수은과 같은 중금속류 등이 있어요. 환경 호르몬이 몸속에 들어오면 아토피 피부염, 만성 피로, 불면증 등을 겪게 되고, 심지어 암에 걸리기도 하지요.

## 화학 물질의 피해를 줄이는 방법

그럼 몸에 해로운 화학 물질의 피해를 줄이는 방법을 알아볼까요?

가장 쉽고 중요한 것은 환기를 자주 하는 거예요. 환기는 실내의 탁한 공기를 내보내고 바깥의 신선한 공기가 들어오도록 하는 것을 말해요. 학교에서도 쉬는 시간에 창문을 열어서 환기를 해야 해요. 수업할 때 자꾸 졸리고, 몸이 찌뿌드드한 것도 탁한 공기가 우리 몸속에 들어와 집중력이 떨어지고 몸이 피로해진 탓이에요.

산세비에리아, 고무나무, 국화, 관음죽 같은 식물을 실내에 두면 공기를 맑게 하는 데 도움이 된답니다. 이런 식물들은 다른 식물보다 이산화탄소를 흡수하고 산소를 내보내는 기능이 커요. 공기 중의 이산화탄소뿐만 아니라 오염 물질도 빨아들여 공기를 깨끗하게 만들어요. 이뿐만 아니라 이들 식물은 수분을 밖으로 내보내는 증산 작용도 뛰어나지요. 식물이 증산 작용을 하는 과정에서는 물 분자가 작게 쪼개지면서 음이온이 발생해요. 음이온은 실내의 화학 물질이나 먼지, 악취 따위를 없애 주지요.

### 오염 물질을 제거하는 베이크아웃

베이크아웃(bake-out)은 새로 지은 집이나 건물 안의 유해 오염 물질을 제거하는 방법 중 하나이다. 즉 새 집이나 새 건물에 이사 가기 전에 일정 시간 동안 보일러를 높게 가동해 유해 물질을 배출하도록 한 뒤 환기시키는 것이다. 베이크아웃을 하는 동안 노인이나 어린이, 임산부 등은 출입하지 않도록 하며, 그 후에도 일정 기간 동안 주기적으로 환기를 시키는 것이 바람직하다.

쓰레기와 생활 오염 이야기

# 소음도 보이지 않는 오염이에요

'소음'은 불쾌하고 시끄러운 소리예요. 자동차와 기차 등에서 나는 교통 소음, 공장 기계에서 나는 공장 소음, 비행기가 뜨고 내릴 때 나는 항공기 소음이 대표적이에요. 최근 들어 집 안에 있는 가전제품에서 나는 소리, 공사 현장이나 확성기에서 나는 소리와 같은 생활 소음이 늘어났어요.

소음은 기계나 교통수단의 진동 때문에 발생해요. 사람은 오랫동안 지속적으로 소음에 시달리면 집중력이 떨어지고 두통에 시달리는 등 몸이 아프답니다.

몸에 해를 끼치지 않을 정도의 소음을 소음의 허용 기준이라고 해요. 소음의 허용 기준은 지역에 따라 다르지만, 낮 동안에는 50~70dB(A)이고 밤에는 40~58dB(A)정도예요.

허용 기준이 넘는 소음을 1개월 동안 계속 들으면 소리를 제대로 들을 수 없는 난청을 일으킬 수 있어요. 소음은 집중력을 떨어뜨려서 공부와 일을 방해할 뿐만 아니라 휴식을 망치고, 잠을 방해해요.

소음은 동물에게도 고통을 주어요. 소리에 민감한 동물들은 스트레스를 받아 짝짓기나 산란, 같은 무리끼리 의사소통에 어려움을 겪지요.

소음이 생활 환경을 파괴하는 문제로 취급된 것은 비교적 최근의 일이에요. 사람들의 생활 수준이 높아지면서 조용한 환경에서 살고 싶어 하는 욕구가 점점 커지고 있어요. 소음으로 인해 일어나는 대표적인 갈등이 바로 '층간 소음'이에요.

 층간 소음은 아파트 같은 공동 주택에서 발생하는 소음 공해를 말해요. 식탁을 끄는 소리나, 화장실 물소리, 물건이 떨어지는 소리부터 아이들이 뛰어다니는 소리, 애완동물 소리, 텔레비전 소리 등을 모두 포함해서 일컫는 말이에요.

 층간 소음은 환경 피해에 관한 분쟁 가운데 1위를 차지할 정도로 심각한 문제예요. 우리나라의 경우 '소음 진동 관리법'을 통해서 소음의 기준을 정하여 분쟁이 있을 때 조정하고 있어요.

 무엇보다 소음이 남에게 피해를 주는 창피한 일이고, 환경에 나쁜 영향을 주는 일이라는 것을 알아야 해요.

## 생활에서 발생하는 소음 레벨

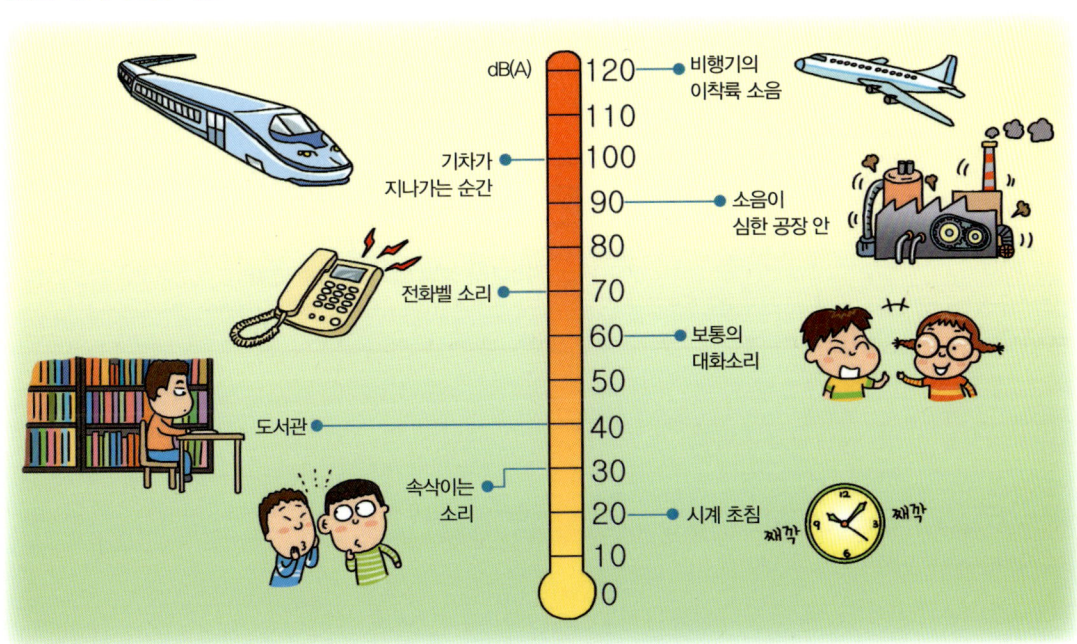

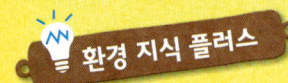 환경 지식 플러스

# 숫자와 그래프로 보는 생활 오염

사람은 누구나 자원을 사용하고 쓰레기를 만들어 내요. 이처럼 한 사람이 사용하는 모든 자원을 생산하는 데 드는 비용과 배출한 쓰레기를 처리하기 위해 드는 비용을 땅의 면적으로 환산한 것을 생태 발자국이라고 해요.

· 국가별 1인당 생태 발자국 지수(2024)
(단위 : gha)

1 나우루 62.1
2 페로 제도(덴마크) 35.8
3 미크로네시아 25.0
10 카타르 12.0
16 캐나다 7.9
18 미국 7.8
31 대한민국 6.0
57 일본 4.2
77 중국 3.5
세계 평균 2.75

(출처 : Global Footprint Network)

● 우리나라 생태 발자국 지수가 매우 높아요

생태 발자국 지수로 각 나라에 환경이 얼마나 나쁜지 알 수 있어요. 숫자가 높을수록 환경이 많이 파괴됐다는 뜻이거든요. 2024년도 우리나라 생태 발자국 지수는 6.0gha 세계 31위예요. 세계 평균에 비해 약 2.2배 높아요.

● 우리나라 생태 발자국 지수는 빠르게 늘고 있어요

지구가 감당할 수 있는 생태 발자국 지수는 1.6gha 정도예요. 그런데 우리나라는 이미 2005년도에 3gha가 넘었어요. 우리나라의 환경이 심각하게 나빠졌다는 뜻이에요.

· 우리나라 생태 발자국 지수 변화

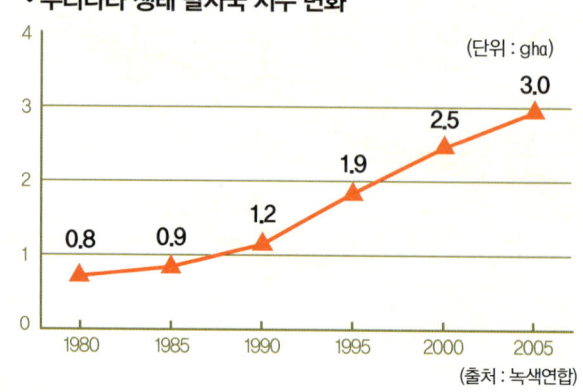

(단위 : gha)

1980: 0.8
1985: 0.9
1990: 1.2
1995: 1.9
2000: 2.5
2005: 3.0

(출처 : 녹색연합)

## 음식물 쓰레기가 많은 편이에요

우리나라 사람들은 생활하면서 하루에 1인당 약 1kg에 달하는 생활 폐기물을 배출해요. 생활 폐기물 중에서는 음식물 쓰레기가 차지하는 비중이 많은 편이에요.

• 우리나라 생활 폐기물 종류별 발생 비율(2023)

음식물류 26.6%
재활용 가능자원 분리배출 23.7%
종량제 등 혼합배출 49.7%

(출처 : 2023 전국 폐기물 발생 및 처리 현황)

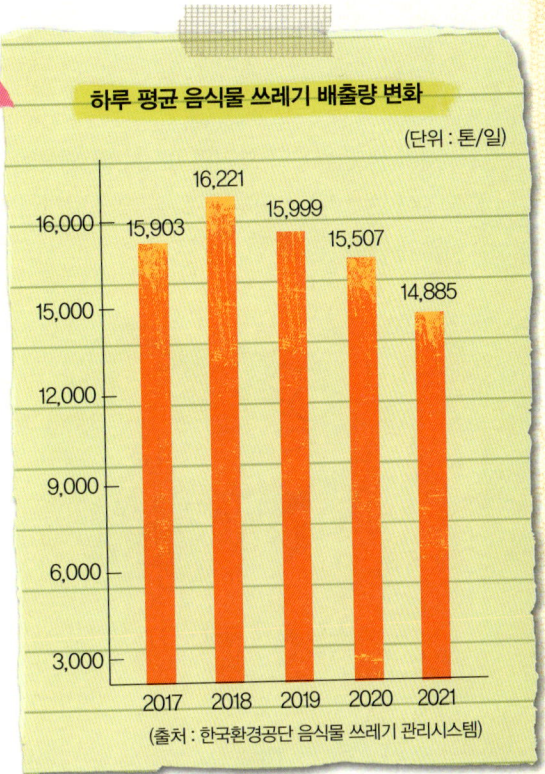

하루 평균 음식물 쓰레기 배출량 변화 (단위 : 톤/일)

- 2017: 15,903
- 2018: 16,221
- 2019: 15,999
- 2020: 15,507
- 2021: 14,885

(출처 : 한국환경공단 음식물 쓰레기 관리시스템)

## 쓰레기를 줄여야 해요

우리나라는 쓰레기의 대부분을 재활용하고 있지만 이미 버려진 쓰레기로 자연이 몸살을 앓고 있어요. 게다가 우리나라 쓰레기 전체 배출량은 줄어들지 않고 있어요. 따라서 생태 발자국 크기를 줄이려면 쓰레기를 줄이려는 노력이 무엇보다 필요해요.

• 우리나라 폐기물 발생량 변화 추이

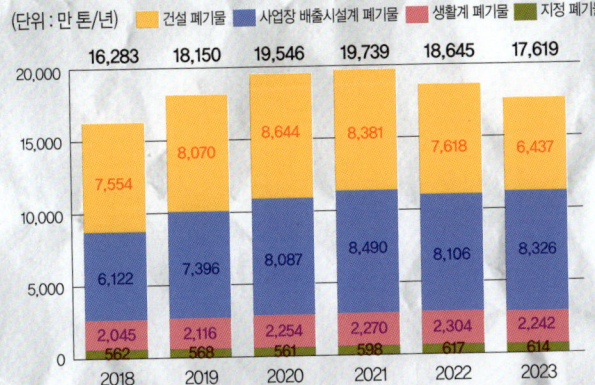

(단위 : 만 톤/년) 건설 폐기물 / 사업장 배출시설계 폐기물 / 생활계 폐기물 / 지정 폐기물

| 연도 | 합계 | 건설 폐기물 | 사업장 폐기물 | 생활계 폐기물 | 지정 폐기물 |
|---|---|---|---|---|---|
| 2018 | 16,283 | 7,554 | 6,122 | 2,045 | 562 |
| 2019 | 18,150 | 8,070 | 7,396 | 2,116 | 568 |
| 2020 | 19,546 | 8,644 | 8,087 | 2,254 | 561 |
| 2021 | 19,739 | 8,381 | 8,490 | 2,270 | 598 |
| 2022 | 18,645 | 7,618 | 8,106 | 2,304 | 617 |
| 2023 | 17,619 | 6,437 | 8,326 | 2,242 | 614 |

• 우리나라 폐기물 처리 방법

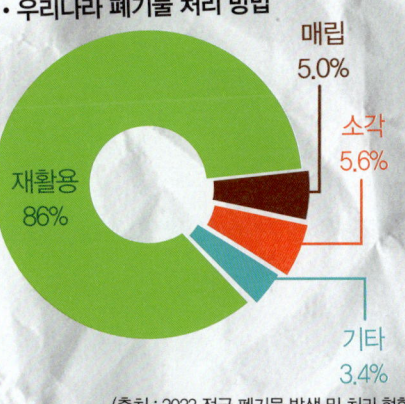

- 재활용 86%
- 매립 5.0%
- 소각 5.6%
- 기타 3.4%

(출처 : 2023 전국 폐기물 발생 및 처리 현황)

# 생태 발자국을 줄이자

우리가 생태 발자국 크기를 줄일수록 깨끗한 환경에서 건강하게 살 수 있는 날은 늘어나요. 그럼 생태 발자국 크기를 줄이려면 어떻게 해야 할까요?

시장 볼 때 장바구니 사용하기

종이는 뒷면까지 쓰기

음식물 쓰레기 줄이기

재활용 표시 제품 사용하기

꼭 필요한 물건만 사기

옷, 장난감, 책 나누어 쓰기

가전제품, 가구 재사용하기

# 7장 에너지 이야기

여러분은 전기가 없는 세상을 상상해 본 적이 있나요?
집집마다 전기가 들어오는 것은 석유, 석탄, 원자력 에너지 등으로
전기를 만들기 때문에 석탄, 석유, 원자력 에너지는 우리의 생활에 꼭
필요해요. 에너지가 없다면 현대 사회는 무너지고 말 거예요. 그러나
이렇게 중요한 에너지를 만드는 석유와 석탄 등이 고갈되고
있을 뿐만 아니라 환경 오염까지 일으키고 있어요.
그래서 지금까지의 에너지를 대신할 신재생 에너지를 개발하고
있어요. 현재 활발히 개발되고 있는 신재생 에너지로는
태양, 풍력, 조력, 지열, 바이오매스 등이 있어요.

에너지 이야기

# 에너지 자원이 뭐예요?

에너지란 어떤 물체가 일을 할 수 있는 힘이나 능력을 말해요. 우리는 매일매일 다양한 에너지를 쓰면서 살아가고 있어요. 집, 사무실, 학교 등 어느 곳에서나 에너지가 필요하지요. 에너지는 전기 에너지, 운동 에너지, 빛 에너지, 열 에너지 등 여러 가지 형태가 있어요.

에너지 자원은 어떤 물체가 힘이나 능력을 발휘하는데 필요한 에너지를 만들어 내는 자원을 뜻해요. 우리는 그동안 주로 석탄, 석유, 천연가스와 같은 화석 연료를 에너지 자원으로 사용해 왔어요. 화석 연료 중에서 많이 쓰는 것은 석탄과 석유예요. 하지만 화석 연료는 한 번 쓰면 다시 쓸 수 없는 자원이지요.

석탄과 석유는 전기를 만들거나 나일론, 플라스틱, 합성 섬유 등의 원료로 쓰여요. 그중 석유는 경제 발전에 없어서는 안 되는 중요한 에너지 자원이에요. 기계, 자동차, 난방 시설 등을 움직이는 연료로 석유를 주로 쓰기 때문이에요. 천연가스는 연료와 화학 물질을 만드는 원료로 쓰여요.

최근에는 한 번 쓰면 재생이 불가능한 화석 연료와 달리 계속해서 사용할 수 있는 태양, 바람, 바다의 조수, 물 등의 자연

화석 연료를 이용해 전기 에너지를 얻는 화력 발전소

에서 에너지를 얻기 위한 자원 개발에 많은 노력을 기울이고 있어요. 석탄과 석유, 천연가스 같은 화석 연료가 점점 없어지기 때문이에요.

우리나라는 자동차가 빠르게 늘어나고, 편리한 각종 전자 제품이 쏟아지고 있어서 에너지 소비량이 급속히 늘어나고 있어요. 선진국만큼이나 에너지를 많이 쓰고 있지요.

하지만 석탄을 제외하고, 석유나 천연가스, 우라늄 등은 모두 외국에서 비싼 돈을 주고 수입하고 있어요. 한마디로 쓰는 것에 비해 갖고 있는 에너지 자원이 턱없이 부족한 거예요. 특히 석유 수입이 전체 에너지 수입의 50%를 차지할 정도로 석유에 크게 의존하고 있어요. 우리 모두 에너지 자원을 아껴 쓰도록 노력해야 해요.

에너지 이야기

# 화석 연료가 점점 줄고 있어요

화석 연료는 수억 년 전에 살았던 동식물이 우리에게 선물한 것이에요. 수백만 년 전 지질 시대에 살았던 동물과 식물로부터 만들어진 것이 석탄과 석유 같은 화석 연료랍니다. 그 시절의 생물이 죽어 땅속에 묻힌 뒤 높은 압력과 열, 지형적 변화 등에 따라 만들어졌지요. 지구촌 사람들은 에너지의 약 80%를 화석 연료에서 얻어요.

현재 에너지 자원으로 가장 많이 쓰이는 석유는 주로 교통수단의 연료로 쓰여요. 또한 원유의 윗부분에서 발생하는 천연가스는 액체 상태로 만들어 화학제품의 원료나 난방용 가스 등으로 사용하지요.

하지만 화석 연료는 마구 써도 좋을 만큼 넉넉하지 않아요. 화석 연료의 소비량은 1900년부터 20년마다 2배씩 증가해 왔어요. 환경학자들은 앞으로 50년에서 200년 안에 화석 연료가 없어질 것이라고 주장하고 있어요.

더구나 화석 연료는 환경 오염을 일으키는 주범으로 지목받고 있어요. 특히 석유는 온실가스의 하나인 탄소를 배출한답니다. 석유를 사용하는 교통수단이 지구 온난화를 불러일으키는 거지요.

석유를 뽑아내는 시추선

화석 연료가 고갈되고 있을 뿐만 아니라 화석 연료를 쓰면서 생기는 심각한 환경 오염 때문에라도 새로운 에너지의 개발이 꼭 필요하답니다.

### 에너지 자원을 사용할 수 있는 기간

'세계의 에너지 자원 사용 가능 연수'를 보면 에너지 자원이 얼마 남지 않았음을 알 수 있다. 앞으로 석유는 약 40년, 석탄은 약 230년, 천연가스는 약 60년, 원자력 에너지 생산에 이용되는 우라늄은 약 60년이 지나면 고갈될 것이다.

석유, 석탄, 천연가스 등의 자원은 지구가 오랜 세월에 걸쳐 만들어 낸 것이어서 한 번 사용하면 다시는 만들 수 없다. 소중하게 아껴서 미래 세대를 위해 남겨 두어야 한다.

에너지 이야기

# 원자력 에너지는 얼마나 위험한가요?

원자력 에너지는 원자로 내에서 일어나는 핵분열 반응을 통해서 얻어요. 그래서 핵에너지라고도 해요. 원료인 우라늄 1kg에서 얻을 수 있는 에너지는 석탄 300톤에서 얻을 수 있는 에너지와 맞먹을 정도로 커요. 원자력 에너지는 화석 연료에 비해 오염 물질을 비교적 적게 배출하고, 가격이 싸다는 장점이 있지요.

원자력으로 에너지를 만들 때에도 문제가 발생해요. 가장 큰 위험은 원자로에서 발생하는 많은 양의 방사능이에요. 이것이 새어 나오면 매우 위험해요. 방사능으로 인한 피해는 핵폭탄이 터졌을 때처럼 사람들에게 고통을 주고 생태계에 치명적인 위험을 준답니다.

원자력 에너지를 만들고 남은 핵폐기물도 매우 위험해요. 그래서 핵폐기물 처리 방식에 많은 노력을 기울여야 해요. 미국과 캐나다는 사용한 연료를 콘크리트 등으로 밀봉하여 땅속에 묻거나 깊은 바다에 버려요. 그런가 하면 영국, 프랑스, 일본처럼 재처리를 해 다시 핵연료로 활용하기도 해요.

이처럼 핵폐기물은 처리하는 데에도 어려움이 많을 뿐만 아니라, 인류의 생존을 위협하는 핵폭탄의 원료예요. 그래서 원자력 에너지는 조심스럽게 사용되어야 해요. 특히 우리나라는 원자력 발전이 약 40%를 차지하고 있기 때문에 더욱 철저하게 안전을 관리해야 해요.

### 엄청난 재앙을 몰고 오는 원자력 발전소 사고

원자력 발전소 사고는 사람과 자연환경에 엄청난 피해를 준다. 1986년 옛 소련의 체르노빌 원자력 발전소에서 일어난 폭발로 엄청난 양의 방사능이 새어 나왔다. 이 사고로 체르노빌은 죽음의 땅이 됐고, 10년이 지난 뒤에도 사람들의 건강에 심각한 문제를 일으켰다.
2011년에는 일본 후쿠시마 원자력 발전소에서 폭발이 일어났다. 이 사고로 방사능이 유출됐고, 발전소 주변 20km 안에 있는 주민들은 모두 대피해야 했다. 원자력 발전소 사고는 그 피해가 엄청나기 때문에 사고가 나지 않도록 늘 조심해야 한다.

폭발이 일어난 후쿠시마 원자력 발전소

에너지 이야기

# 희망 에너지! 신재생 에너지가 뭐예요?

화석 연료나 원자력 에너지를 사용하면 여러 가지 환경 문제가 생겨요. 그나마 사용할 수 있는 양도 얼마 남지 않았지요. 그래서 세계 여러 나라에서는 오염 물질을 발생시키지 않으면서 계속해서 사용할 수 있는 에너지를 개발하고 있어요. 이런 에너지를 '신재생 에너지'라고 해요.

신재생 에너지로는 태양 에너지가 가장 널리 쓰이고 있어요. 태양 에너지는 태양의 빛을 이용한 태양광과 태양의 열을 이용한 태양열이 있어요. 과학자들은 태양 에너지를 모아 두었다가 필요한 곳에 쓸 수 있는 효율적인 방법을 계속 연구하고 있지요.

땅속에 있는 열인 지열도 신재생 에너지로 떠오르고 있어요. 지열이 높은 화산 지대에 발전소를 세워 전기를 생산하지요. 미국, 필리핀, 멕시코, 인도네시아 등이 지열을 많이 이용해요.

풍력 에너지는 바람이 센 곳에 풍력 발전기를 만들어서 에너지를 모아요. 집집마다 작은 풍력 발전기를 달아서 집에서 쓸 에너지를 얻기도 해요.

밀물과 썰물의 바닷물 높이를 이용한 조력과 파도의 힘을 이용하는 파력도 훌륭한 신재생 에너지가 되고 있어요.

요즘은 콩, 옥수수, 사탕수수 등을 이용해서 만드는 바이오 에너지에 대한 관심이 높아지고 있어요. 이것은 자동차 연료로도 쓰이고 있어요.

태양의 빛을 이용하는 태양 에너지

땅속의 열을 이용하는 지열 에너지

바람을 이용하는 풍력 에너지

파도의 힘을 이용하는 파력 에너지

식물을 이용하는 바이오 에너지

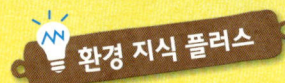 환경 지식 플러스

# 숫자와 그래프로 보는 에너지

전등, 텔레비전, 컴퓨터, 휴대전화, 냉장고, 자동차를 이용하는 우리는 날마다 에너지를 사용하고 있어요. 도대체 얼마나 많은 에너지를 쓰고 있는지 알아보아요.

## ● 우리나라는 전기를 많이 써요

우리나라는 세계에서 아홉 번째로 많은 양의 전기를 만들어 내요. 하지만 국민 한 사람이 사용하는 전기의 양은 우리보다 전기를 많이 만드는 독일, 프랑스보다 많아요.

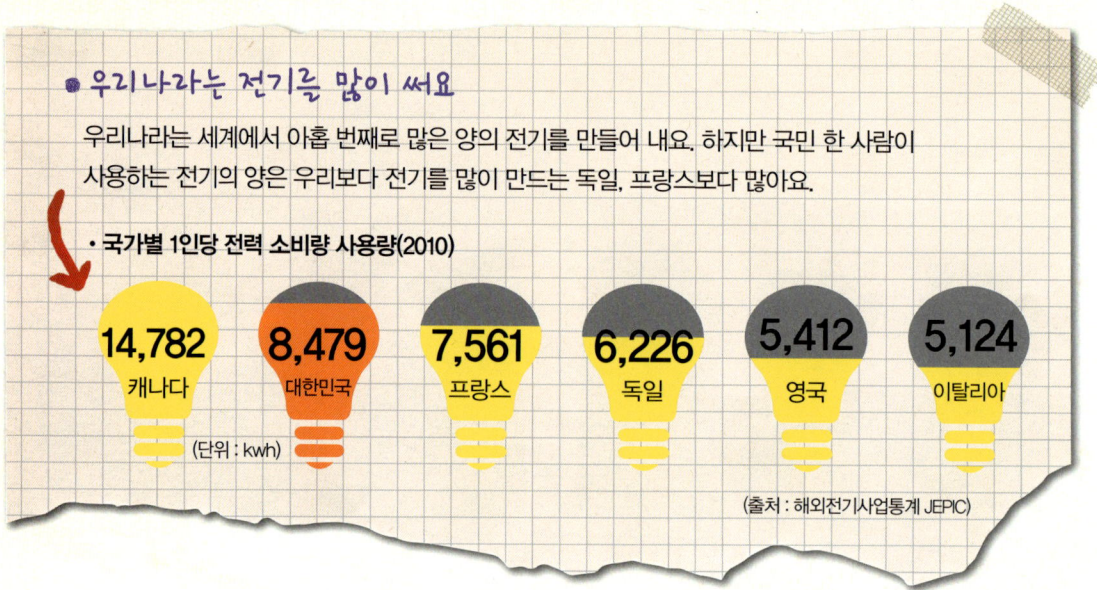

• 국가별 1인당 전력 소비량 사용량(2010)

| 캐나다 | 대한민국 | 프랑스 | 독일 | 영국 | 이탈리아 |
|---|---|---|---|---|---|
| 14,782 | 8,479 | 7,561 | 6,226 | 5,412 | 5,124 |

(단위 : kwh)　(출처 : 해외전기사업통계 JEPIC)

## ● 우리나라의 전기 소비량이 매년 늘고 있어요

우리나라 국민 한 사람이 쓰는 전기의 양은 해마다 늘어나고 있어요. 심각한 것은 해마다 사용량이 다른 나라보다 아주 큰 폭으로 증가하고 있다는 사실이에요.

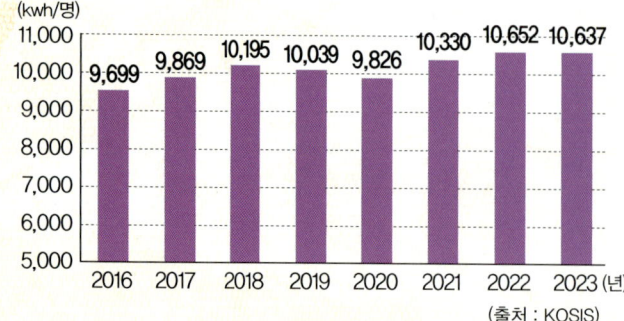

• 우리나라 1인당 전력 소비량 변화

(kwh/명)

| 2016 | 2017 | 2018 | 2019 | 2020 | 2021 | 2022 | 2023 (년) |
|---|---|---|---|---|---|---|---|
| 9,699 | 9,869 | 10,195 | 10,039 | 9,826 | 10,330 | 10,652 | 10,637 |

(출처 : KOSIS)

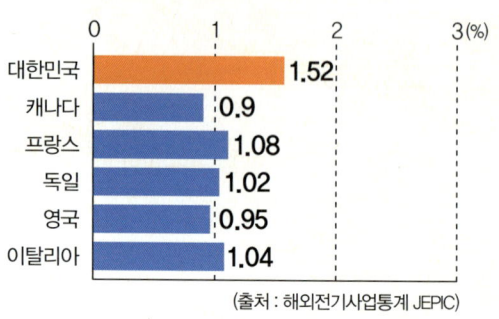

• 국가별 10년간 1인당 전력 소비량 증가율(2000~2010)

| 국가 | 증가율(%) |
|---|---|
| 대한민국 | 1.52 |
| 캐나다 | 0.9 |
| 프랑스 | 1.08 |
| 독일 | 1.02 |
| 영국 | 0.95 |
| 이탈리아 | 1.04 |

(출처 : 해외전기사업통계 JEPIC)

### 우리나라는 화석 연료를 많이 써요

지금 우리가 가장 많이 사용하는 에너지 자원은 화석 연료예요. 하지만 화석 연료는 많은 양의 이산화탄소를 만들어 내고 곧 고갈될 위기에 놓여 있어서 세계적으로 큰 문제예요.

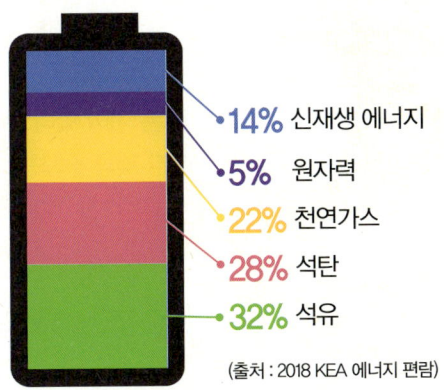

• 우리나라 에너지 자원별 소비 비중(2018)

- 14% 신재생 에너지
- 5% 원자력
- 22% 천연가스
- 28% 석탄
- 32% 석유

(출처 : 2018 KEA 에너지 편람)

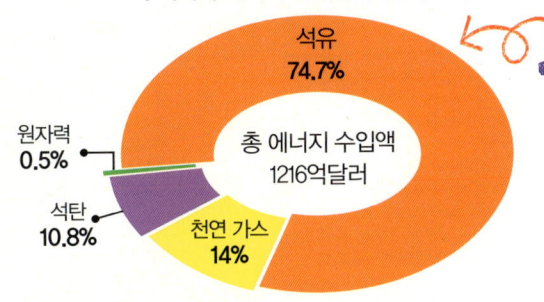

• 우리나라 에너지 자원별 수입률(2011)

- 석유 74.7%
- 천연 가스 14%
- 석탄 10.8%
- 원자력 0.5%

총 에너지 수입액 1216억달러

(출처 : 2012 에너지통계연보)

### 화석 연료를 대부분 수입해요

우리나라는 화석 연료를 대부분 외국에서 수입하는 것이 큰 문제예요. 국제 에너지 가격이 나라 경제에 엄청난 영향을 미치기 때문이지요. 경제를 위해서도 신재생 에너지 개발이 꼭 필요하답니다.

• 국가별 신재생 에너지 발전 비중(2009) (%)

- 오스트리아 72.2
- 캐나다 60.8
- 핀란드 30.5
- 덴마크 29.5
- 독일 17.2
- 멕시코 13.7
- 미국 10.4
- 일본 9.7
- 영국 7.2
- 호주 7.1
- 벨기에 7.0
- 대한민국 1.1

(출처 : 한국에너지공단)

### 신재생 에너지를 늘려야 해요

우리나라는 선진국에 비해 신재생 에너지 발전량이 아주 적어요. 우리나라도 신재생 에너지 발전량을 늘리고 있지만 아직은 비중이 작아요.

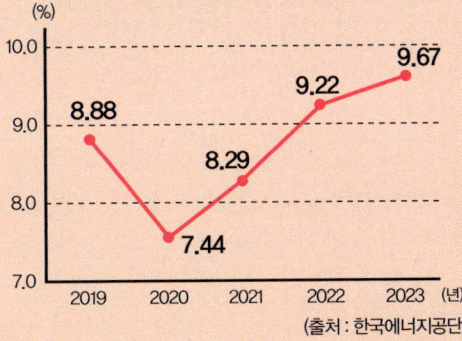

• 우리나라 신재생 에너지 발전량 비중 (%)

- 2019: 8.88
- 2020: 7.44
- 2021: 8.29
- 2022: 9.22
- 2023: 9.67

(출처 : 한국에너지공단)

# 에너지를 절약하자

전기가 없는 세상을 상상해 본 적이 있나요? 아주 옛날에는 전기가 없어도 불편하지 않았지만 많은 전자 제품을 사용하는 요즘에는 어느 날 갑자기 전기가 사라진다면 생활하기 어려울 거예요.

사람들이 한꺼번에 너무 많은 에너지를 사용해서 정전이 될 때가 종종 있어요. 정전이 되면 컴퓨터를 하거나 텔레비전을 볼 수 없을 뿐만 아니라 해가 진 뒤에는 어둡고 깜깜해서 무섭기까지 해요. 대부분 잠깐 동안 일부 지역에서만 일어나지만 나라 전체에 에너지가 부족하다면 큰일이 일어날 거예요.

# 8장 먹을거리 이야기

오늘날은 배가 고프면 쉽고 간편하게 음식을 먹을 수 있어요. 농산물이나 수산물을 먹기 쉽게 만들어서 파는 가공식품이 널리 퍼져 있기 때문이에요. 가공식품은 자연식품보다 오래 보존할 수 있고, 쉽고 간편하게 요리할 수 있어요. 하지만 가공식품에는 식품을 오래 보존하고, 맛과 모양을 좋게 만들려고 식품 첨가물을 많이 넣어요. 또 유전자 재조합 식물로 만든 식품도 많아졌어요. 유전자 재조합 식품은 인류의 식량 문제 해결을 위해 개발된 거예요. 그렇지만 아직까지 유전자 재조합 식물이 환경과 인간에게 어떤 영향을 미치는지 정확하게 밝혀지지 않아서 학자들 사이에 논쟁이 많아요.

 먹을거리 이야기

# 왜 햄버거를 많이 먹으면 안 돼요?

우리가 간식으로 많이 먹는 햄버거와 프라이드치킨, 감자튀김 등은 빠르고 간편하게 먹을 수 있는 음식이에요. 이런 음식을 '패스트푸드'라고 해요. 패스트푸드 가게에 가서 주문하면 음식을 오래 기다리지 않고 그 자리에서 바로 먹을 수 있지요.

어른들은 햄버거 같은 패스트푸드를 많이 먹지 말라고 해요. 왜 그럴까요? 그건 패스트푸드를 너무 많이 먹으면 여러 가지 문제가 생기기 때문이에요. 패스트푸드는 식품을 오래 보존할 수 있도록 건강에 해로운 식품 첨가물을 많이 넣어요. 맛을 좋게 하려고 화학조미료, 소금, 설탕도 많이 사용하지요.

반면에 패스트푸드에는 비타민, 무기질, 섬유소 등 우리 몸에 꼭 필요한 영양소는 거의 없어요. 그래서 패스트푸드를 너무 많이 먹으면 우리 몸의 영양소가 불균형해져서 건강을 해칠 수 있어요.

또 패스트푸드에는 트랜스 지방이 많이 들어 있어서 너무 많이 먹으면 비만이 될 수 있어요. 트랜스 지방은 액체 기름을 고체 지방으로 바꾸는 과정에서 생기는 지방으로, 고혈압과 당뇨 같은 병에 걸릴 위험을 높이지요. 이 때문에 미국, 덴마크를 비롯한 여러 나라에서는 트랜스 지방에 대한 법규를 강화했어요. 이렇게 사람 몸에 필요한 영양소는 거의 없고 열량만 지나치게 높은 음식을 '정크 푸드'라고 해요. 즉 '쓰레기 같은 식품'이라는 뜻이에요.

우리나라도 비만 어린이가 많아지면서 트랜스 지방이 많은 패스트푸드를 학교 안에서 판매하지 못하게 하고 있어요.

### 맛있고 깨끗하고 바른 음식, 슬로푸드

패스트푸드의 확산에 맞선 슬로푸드 운동은 1986년에 이탈리아에서 시작되었다. 슬로푸드 운동은 '맛있고 깨끗하며 바른 음식을 먹자'는 운동이다. 슬로푸드란 맛이 날 때까지 정성을 들여 천천히 요리한 음식이다. 또한 생태계와 건강을 해치지 않는 재료를 쓴 음식이어야 한다. 마지막으로 재료를 생산하고 유통, 음식으로 조리하는 모든 과정에서 법과 도덕을 지켜 만든 음식을 말한다.

이처럼 슬로푸드는 단순히 사람의 건강만을 위한 것이 아니라 환경과 사회 전체를 생각하는 음식이다. 우리나라 전통 음식은 대부분 슬로푸드이다. 특히 김치, 고추장, 된장, 청국장 등의 발효 식품에는 우리 몸에 필요한 효소가 풍부하게 들어 있다.

# 왜 식품 첨가물을 넣어요?

예전에는 집에서 음식을 해서 온 가족이 먹었지만, 요즘은 간편하게 패스트푸드나 인스턴트식품을 많이 이용하고, 외식도 많이 하지요. 그런데 음식점에서 파는 음식, 인스턴트식품, 패스트푸드에는 몸에 좋지 않은 식품 첨가물이 많이 들어가 있어요.

### 식품 첨가물의 종류

식품 첨가물은 식품을 오래 보관하고, 맛을 좋게 하고, 먹음직스러운 색깔을 내기 위해 음식에 첨가하는 물질을 말해요. 식품 첨가물은 몇 가지 종류로 나눌 수 있어요. 우선 식품이 상하는 것을 막아 주는 식품 첨가물이 있어요. 미생물이 번식하는 것을 막는 보존료와 기름 성분이 산화하는 것을 막는 산화 방지제가 여기에 속하지요.

둘째로 식품의 품질을 좋게 하는 첨가물도 있어요. 식품에 부족한 영양소를 첨가하는 영양 강화제가 여기에 속하지요.

셋째로 식품을 쉽게 만들려고 넣는 첨가물이 있어요. 여기에는 모양을 단단하게 만드는 응고제와 밀가루 등을 부풀게 하는 팽창제 등이 있답니다.

마지막으로 식품의 모양, 맛, 냄새 등을 좋게 하려고 넣는 첨가물이 있어요. 우리가 흔히 말하는 조미료라고 부르는 것이

과자에 사용된 식품 첨가물 표시

지요. 여기에는 식품의 색깔을 예쁘게 하는 착색료, 냄새를 좋게 하는 착향료, 식품의 맛을 좋게 만드는 향미 증진제 등이 있어요.

사실 식품 첨가물은 옛날부터 썼어요. 하지만 동물이나 식물에서 얻은 천연 재료로 만들었지요. 이에 비해 오늘날 많이 쓰는 식품 첨가물은 대부분 화학적으로 만들어 낸 것이어서 건강에 큰 해가 돼요.

## 식품 첨가물의 문제

요즘에는 외식을 자주하고, 패스트푸드와 인스턴트식품을 많이 먹으면서 화학조미료 같은 식품 첨가물에 입맛이 길들여지고 있어요. 화학조미료가 들어가지 않으면 음식이 맛이 없다고 느끼는 사람이 아주 많아졌지요.

그렇지만 화학조미료를 지나치게 많이 먹으면 신경 쇠약, 두통, 호흡 곤란 등이 일어날 수 있어요. 어린이들은 집중력이 떨어지고 면역력이 약해진다는 보고도 있지요. 화학조미료에 입맛이 길들여질수록 우리 몸이 병들어 간다는 사실을 알아야 해요.

## 화학조미료를 적게 먹기 위한 노력

세계 여러 나라에서는 화학조미료의 하루 사용량을 법으로 정해 관리하고 있어요. 영국과 오스트리아, 싱가포르에서는 아기들이 먹는 식품에는 화학조미료 넣지 못하도록 법으로 금지하고 있다고 해요. 또한 미국, 오스트레일리아, 캐나다의 유아 식품 제조업자들은 스스로 화학조미료를 식품에 넣지 않겠다고 선언했어요. 우리나라에서는 식품위생법에서 식품 첨가물 기준을 정하고 관리하고 있어요.

건강을 지키려면 화학조미료가 많이 들어가 있는 음식을 줄여야 해요. 인스턴트식품과 패스트푸드의 섭취량을 줄이고, 집에서 한 음식을 먹고, 되도록 화학조미료를 쓰지 말아야 해요. 그 대신 전통 발효 식품인 된장, 청국장, 간장과 같은 천연 조미료를 써서 음식을 하는 게 좋아요. 간식은 햄버거, 피자, 치킨 대신에 제철 과일이나 감자, 고구마, 옥수수 등을 먹으면 건강에 아주 좋지요.

### 화학조미료는 정말 위험할까?

매년 10월 16일은 국제 소비자 기구(IOCU)에서 정한 '화학조미료 안 먹는 날'이다. 이런 날이 생길만큼 화학조미료는 위험한 것일까? 대표적 화학조미료인 글루탐산일나트륨(MSG)은 식품에 감칠맛을 더하는 것으로, 수많은 식품에 사용되어 왔다. 최근에는 MSG가 건강에 해롭다고 알려지면서 MSG를 첨가하지 않은 제품들이 늘어나고 있다. 하지만 1987년 세계 보건 기구 식품 첨가제 위원회가 MSG의 안전성에 대해 재검토한 결과 안전성에 아무런 문제가 없다고 발표했다. 하지만 MSG 같은 화학조미료를 지나치게 많이 먹으면 건강에 좋지 않은 것은 확실하다.

먹을거리 이야기

# 유전자 재조합 식품이 뭐예요?

여러분은 '유전자 재조합 식품'이란 말을 들어본 적이 있나요? 어려운 말이지요? 먼저 유전자란 생명체의 특징을 담고 있는 유전 정보를 전달하는 인자예요. 머리카락 색깔, 키, 혈액형, 생김새 등이 유전자에 따라 결정된다고 해요. 즉 유전자 재조합이란 한 생명체의 유전자를 다른 생명체의 유전자와 결합시켜 원하는 특징을 가지도록 만드는 일이에요. 이런 기술로 만들어진 식품을 유전자 재조합 식품이라고 해요.

세계 최초의 유전자 재조합 식품은 1994년에 미국에서 개발된 '무르지 않는 토마토'예요. 그 뒤 유전자를 재조합한 옥수수, 콩, 감자 등이 계속 개발됐어요. 하지만 유전자 재조합 식품의 안전성에 대해서 문제를 제기하는 학자들도 많아요.

유전자 재조합 식품은 유전자를 조합하면서 어떤 물질이 만들어지는지 정확하게 알 수 없기 때문에 그 과정에서 해로운 물질이 생길 수 있다고 해요. 그러므로 사람이 유전자 조작 식품을 먹으면 예상치 못한 문제가 생길 수 있어요. 이 밖에 전혀 예상치 못한 환경 문제를 일으킬 수 있어요. 유전자를 조합한 식품은 새로운 종류의 식물이기 때문에 기존의 생태계를 파괴할 가능성이 있어요.

우리나라에서는 유전자 재조합 식품인 옥수수와 콩을 수입해서 전분과 물엿, 식용유, 술, 과자, 음료, 간장 등을 만드는 데 쓰고 있어요. 하지만 유전자 재조합 식품의 안정성에 논란이 일면서 2001년부터 두부, 된장, 고추장 같은 콩으로 만든 식품과 옥수수로 만든 식품, 빵 등의 식품에 '유전자 재조합 식품 표시제'를 실시하고 있어요. 식품에 유전자 재조합 식물을 이용했는지 표시하여 소비자가 정확하게 알고 식품을 고를 수 있도록 한 것이지요. 그러므로 식품을 살 때는 현명한 소비자가 되어야 해요.

### 유전자 재조합 식품 표시 예시

제품명 : ○○ / 식품 유형 : 두유
중량 : 190mL
원재료명 및 함량 : 콩(유전자 재조합) 두유액 95%(대두고형분 7% 이상, 대두-수입산), 정백당, 정제수
제조/판매업소 : (주)○○○○

식품을 살 때에는 제품 설명서를 잘 읽어야 해.

## 한경 백과

### 유전자 재조합 식품에 대한 논란

1998년에 영국 로웨트 연구소의 푸스타이 박사는 쥐에게 10일 동안 유전자 재조합 감자를 먹였더니 쥐의 간, 쓸개, 심장, 창자 등 주요 장기가 손상되고, 뇌의 크기가 줄어들었으며, 면역 기능이 크게 약해졌다는 연구 결과를 발표했다. 그런데 연구소는 이 실험이 검증되지 않은 결과라고 발표하고 푸스타이 박사를 해고했다.

유전자 재조합 반대 시위

그 뒤 유럽 13개국 과학자 22명이 재실험을 실시해 똑같은 결과를 얻었다며 푸스타이 박사를 공개적으로 지지하고, 유전자 재조합 식품의 영향에 대해 추가 연구를 요구하는 일이 벌어졌다. 그 후로도 지금까지 유전자 재조합 식품의 안정성과 필요성에 대한 논란은 끊이지 않고 있다.

 먹을거리 이야기

# 친환경 농산물이 왜 필요할까요?

화학 비료, 농약, 제초제는 힘든 농사일을 줄여 주어요. 그렇지만 자연환경을 오염시킬 뿐만 아니라 사람의 몸에도 해로운 성분이라는 것이 밝혀졌어요. 요즘은 건강에 관심이 아주 높아요. 이에 따라 친환경 농산물을 찾는 사람도 많아졌어요.

친환경 농산물이란 화학 비료나 제초제, 농약 등을 최대한 사용하지 않고 재배한 농산물이에요. 친환경 농산물은 크게 두 종류로 나눌 수 있어요. 유기농 농산물, 무농약 농산물이지요. 이는 '국립 농산물 품질 관리원'과 정부에서 지정한 기관의 심사를 통하여 등급이 결정돼요. 지정 기관으로부터 심사와 인증을 받은 농민만 친환경 인증 표시와 등급 표시를 할 수 있어요.

농약과 화학 비료를 전혀 쓰지 않고 재배한 농산물은 유기농 농산물 인증 표시를 받을 수 있어요. 농약은 쓰지 않고, 화학 비료도 적정 수준 이하, 즉 권장 사용량의 $\frac{1}{3}$ 이하로 써서 기른 농산물은 무농약 농산물 인증 표시를 받을 수 있어요.

농산물은 우리 식탁을 책임지는 가장 중요한 먹을거리예요. 친환경 농산물을 먹는 것이 환경과 건강을 지키는 지름길이랍니다.

먹을거리 이야기

# 굶주려 죽어 가는 아이들을 같이 살려요

오늘날 전 세계에는 굶주림으로 고통받는 사람들이 7억 명이 넘는대요. 전 세계 인구의 열한 명 중 한 명은 굶주리거나 영양분을 충분히 섭취하지 못하고 있다는 것이에요.

굶주림으로 고통받는 사람들의 ⅔는 산업과 경제 발전이 뒤떨어진 개발 도상국 사람들이에요. 즉 아시아 태평양 지역의 인도, 중국, 콩고, 방글라데시, 인도네시아, 파키스탄 등에 사는 사람들과 아프리카의 에티오피아, 소말리아 등에 사는 사람들이지요. 6초마다 한 명의 어린이가 기아와 영양 부족에 시달려 죽고 있다고 해요. 비만이 사회 문제인 나라도 있는데 참으로 가슴 아픈 현실이지요.

### 기아로 고통받는 원인

왜 이렇게 많은 사람이 기아로 고통받을까요? 가장 큰 원인은 전 세계의 환경 오염과 기후 변화로 많은 땅이 사막화되어 농사지을 땅이 줄어들고 있기 때문이에요. 해마다 전 세계에서 약 240억 톤의 흙이 사라지는데, 이 양은 오스트레일리아에 있는 밀밭 전체의 면적과 맞먹는 것이지요.

게다가 개발도상국들은 가뭄, 홍수와 같은 자연재해가 빈번하게 일어나는데다 농업 시설이 부족하여 농업 생산량이 떨어지고 이는 곧 식량 부족으

음식 보급을 받는 아프리카 아이들

로 이어져 가난한 사람들을 기아로 내몰고 있어요.

더욱 놀라운 것은 가축의 사료로 전 세계 곡식 생산량의 $\frac{2}{3}$가 쓰인다는 사실이에요. 현대인이 식습관이 육식 위주로 바뀌어서 가축을 많이 키우기 때문이에요. 곡물이 가축의 사료로 쓰이면서 정작 사람들은 굶어 죽어 가는 거예요. 가축을 키울 목장을 만들려면 나무를 베어 내고 목초지를 만들어야 해요. 이 때문에 산과 농경지가 황폐화되어 식량 문제가 더욱 심각해졌어요.

## 식량 부족 문제를 해결할 방법

유엔 인구국은 현재 약 82억 명에 이르는 세계 인구가 2050년까지 90억 명 수준으로 늘어나서 식량이 부족할 거라고 경고하고 있어요. 식량 부족 문제는 한두 나라가 해결할 수 없고, 전 세계가 힘을 모아서 해결해야 할 시급한 문제이지요. 식량 부족 문제를 해결하려면 특히 개발도상국의 농업

기술이 발달해야 해요. 농사를 지을 수 있는 새로운 경작지를 개발하고, 품종 개량 등을 해서 수확량을 늘려야 하지요. 유엔의 산하 기구인 세계 식량 계획(WFP)과 유엔 식량 농업 기구(FAO)에서는 개발도상국의 농업 기술을 발전시키고 부족한 쌀을 지원해 주는 등 기아 문제를 해결하기 위해 노력하고 있어요.

녹색 혁명은 식량 생산을 늘리기 위해 품종을 개발하고 농업 기술을 혁신하여 이룬 농업 혁명이에요. 식량 부족에 시달리던 개발도상국들이 적극적으로 도입하여 식량 생산량이 크게 늘어났고, 작물이 자라는 기간도 짧아져 한 농지에서 일 년에 두세 번까지 농사를 지을 수 있게 되었지요.

환경 오염, 기후 변화, 식생활 변화로 식량 위기가 높아지고 있는 요즈음에는 녹색 혁명과 같은 새로운 시도가 계속 필요할 것으로 보여요.

또한 가축에게는 곡물 대신 목초를 먹이도록 해야 돼요. 그리고 무엇보다도 잘 사는 나라들의 지원과 적극적인 관심이 있어야 해요. 우리가 먹는 햄버거 하나를 사는 비용은 아프리카에서 굶주리는 수십 명 어린이의 한 끼 식사를 해결해 줄 수 있답니다.

### 식량 위기를 부추기는 식량의 무기화

식량을 무기화하며 이용하는 것도 세계의 식량 위기를 부추기고 있다. 2008년, 식량 수급이 불안한 조짐을 보이자 아르헨티나와 우크라이나, 중국, 러시아, 카자흐스탄 등은 곡물 수출을 제한했고, 이 때문에 국제 곡물 가격이 갑자기 크게 올랐다. 이러한 행동은 늘어나는 인구에 맞는 충분한 식량을 확보하지 못한 나라의 정세를 불안하게 만든다. 실제로 인도네시아와 방글라데시 등에서 식량 폭동이 일어나기도 했다. 우리나라도 식량 자급률이 매우 낮다. 식량의 대부분을 수입해야 하는데 식량 위기가 계속되면 돈이 있어도 곡물을 사 올 수 없게 되고 곡물을 수출하는 나라는 이를 미끼로 큰 이익을 취할 것이다.

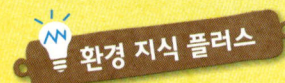

# 숫자와 지도로 보는 먹을거리

과자, 치킨, 콜라, 피자, 햄버거……. 요즘 어린이들이 가장 좋아하는 먹을거리예요. 하지만 건강과 환경에는 나쁜 영향을 미치지요. 여러분은 이 음식들을 얼마나 자주 먹나요?

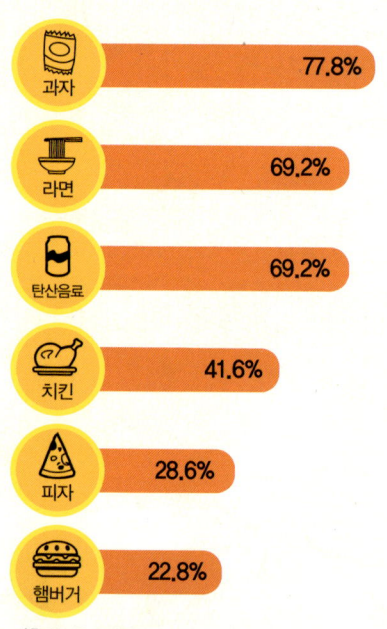

• 1주일에 1회 이상 패스트푸드와 인스턴트 음식을 섭취하는 어린이 비율

- 과자 77.8%
- 라면 69.2%
- 탄산음료 69.2%
- 치킨 41.6%
- 피자 28.6%
- 햄버거 22.8%

(출처: 식품의약품안전청 2012)

### 패스트푸드를 즐겨 먹는 어린이가 많아요

우리나라 어린이들은 패스트푸드를 즐겨 먹는 편이에요. 10명 중 4명은 일주일에 한 번씩 치킨을 먹을 정도지요. 심지어 과자, 라면, 탄산음료 등의 인스턴트식품을 일주일에 한 번 이상 섭취하는 어린이가 그렇지 않은 친구들보다 많아요.

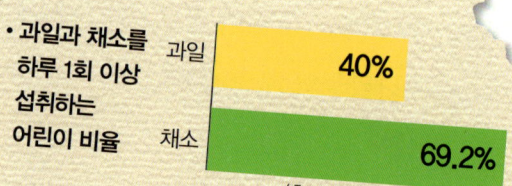

• 과일과 채소를 하루 1회 이상 섭취하는 어린이 비율
- 과일 40%
- 채소 69.2%

(출처: 식품의약품안전청 2012)

### 과일을 먹지 않는 어린이가 많아요

과일을 매일 먹는 어린이는 반도 채 되지 않아요. 어린이 성장에 꼭 필요한 비타민이나 무기질 섭취가 충분하지 않은 어린이들이 많은 것이지요.

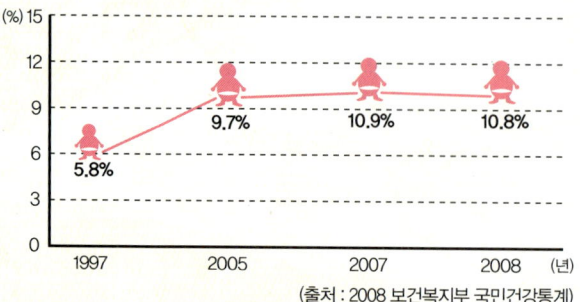

• 소아 청소년 비만율 변화

- 1997: 5.8%
- 2005: 9.7%
- 2007: 10.9%
- 2008: 10.8%

(출처: 2008 보건복지부 국민건강통계)

### 비만 어린이가 늘고 있어요

균형이 흐트러진 식생활은 비만의 원인이 되고 있어요. 우리나라 어린이와 청소년의 비만율은 10년 사이에 두 배 가까이 늘었지요.

- 고열량 저영양 식품을 먹지 않으려는 어린이 비율

노력하지 않는다 **18.1%**

먹지 않으려고 노력한다 **81.9%**

(출처 : 식품의약품안정청 2012)

### 몸에 좋은 음식을 먹어야 해요

많은 어린이가 패스트푸드와 인스턴트 음식을 먹지 않으려고 노력하고 있어요. 동물성 원료를 많이 사용하는 식품을 적게 먹으면 비만은 물론이고 기아를 줄이는 데 도움이 되거든요. 여러분도 패스트푸드와 인스턴트식품을 먹고 싶을 때는 한 번 더 참고, 과일과 채소를 먹는 습관을 들여 보세요.

### 굶주리는 어린이가 많아요

전 세계에서 11명 중 1명은 먹을 것이 없어 굶어 죽고 있어요. 우리나라에서도 많지는 않지만 굶주림으로 고통받는 사람들이 있지요. 안타까운 것은 세계적으로는 식량이 남는다는 점이에요. 또 사용되는 곡물의 많은 양이 가축의 먹이로 쓰인다는 것도 놀랍지요.

- 세계 기아 지도(2025)

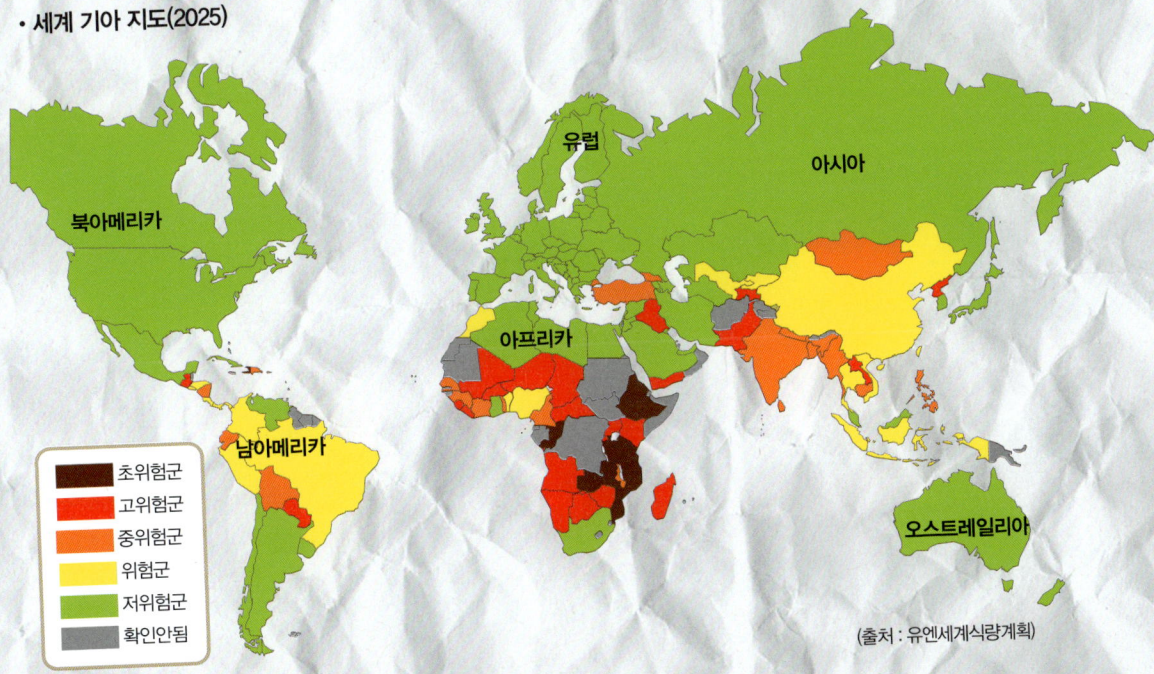

초위험군 / 고위험군 / 중위험군 / 위험군 / 저위험군 / 확인안됨

(출처 : 유엔세계식량계획)

# 건강하게 먹기

식품을 고를 때 무엇을 보나요? 용기 디자인이나 맛, 양, 값만 보고 구입하고 있나요?
그렇다면 지금부터 지킴이 수칙을 살펴보고 꼼꼼히 따진 다음 식품을 골라 보세요.
하나하나 세심하게 살필수록 건강과 환경을 지킬 수 있답니다.

● 식품 포장 용기에 적힌 다양한 제품 정보

**소비 기한** 식품 등에 표시된 보관방법을 준수할 경우 섭취하여도 안전에 이상이 없는 기한을 말해요. 이 기간 동안에 적절히 보관된 식품은 품질과 안전성이 보장됨을 뜻하지요.

**제품명** 식품의 이름이 적혀 있어요.

**내용량** 식품의 양(무게 또는 부피)이 얼마나 되는지 알려 주어요.

식품을 잘 살펴보면 식품에 관한 다양한 정보가 빼곡하게 적혀 있어요. 이 정보를 확인하면 식품에 대해 정확히 알고, 안전하게 이용할 수 있답니다.

**원재료명 및 함량** 식품의 재료와 식품 첨가물의 이름이 적혀 있어요.

**주의 사항** 식품을 보관하거나 다룰 때의 주의할 사항이 적혀 있어요.

**포장 재질** 식품을 무엇으로 포장했는지 알려 주어요.

**보관 방법** 식품을 어떻게 보관해야 하는지 알려 주어요.

**영양 성분** 이 제품에 들어 있는 영양소의 종류와 양을 알려 주어요.

● 건강과 환경을 지키는 실천 방법을 알아보아요

**지킴이 수칙 1**
**제조 날짜와 소비 기한 확인하기**
가공식품은 반드시 소비 기한을 확인해야 해요. 소비 기한이 없는 식품은 제조 날짜를 확인하고, 곡물 등은 언제 수확한 것인지 살펴보아요.

**지킴이 수칙 2**
**영양 표시 확인하기**
가공식품을 살 때는 식품을 먹으면 얼마나 많은 열량이 제공되는지, 탄수화물과 단백질 같은 영양소는 얼마나 섭취할 수 있는지 영양 표시를 확인해요.

**지킴이 수칙 3**
**재료와 식품 첨가물 확인하기**
가공식품은 어떤 재료를 사용했는지 반드시 확인해야 해요. 인공 재료보다 천연 재료를 더 많이 사용한 것을 골라야 해요.

**지킴이 수칙 4**
**원산지 확인하기**
농산물이나 육류, 생선 등을 구입할 때는 반드시 원산지를 살펴보아요. 가공식품의 재료를 살펴볼 때도 원산지를 확인하면 더 좋겠죠?

**지킴이 수칙 5**
**친환경 표시 확인하기**
농산물을 고를 때에는 친환경 표시를 반드시 확인해요. 더불어 포장지나 포장 용기가 재활용이 가능하다면 더욱 좋지요.

# 9장
# 환경 문제 해결을 위한 노력

환경 문제는 자연을 보호하는 데 그치는 단순한 문제가 아니에요. 인류를 위협하는 전 세계적 문제지요. 환경 문제를 해결하지 못한다면 인류는 커다란 재앙을 겪게 될 거예요. 환경 문제는 환경에 관심이 있는 소수의 사람만 노력해서는 소용이 없어요. 우리 모두가 일상생활 속에서 환경 오염을 막기 위해 노력해야 해요. 그래야 미래에도 깨끗하고 안전한 지구에서 살 수 있을 테니까요.

환경 문제
해결을 위한 노력

# 환경에 대한 생각을 바꾸어야 해요

환경 문제는 안락함을 추구하는 인간의 이기적인 행동에서 비롯되었어요. 사람들은 숲을 없애고, 산을 깎고, 강과 바다를 더럽히고, 쓰레기를 함부로 버렸어요. 그 결과 환경 오염이라는 무서운 대가를 치르고 있지요.

환경 문제를 해결하려면 먼저 환경에 대한 생각을 바꿔야 해요. 사람과 환경은 서로 떼려야 뗄 수 없는 관계예요. 환경이 나빠지면 사람의 삶도 나빠질 수밖에 없다는 것을 알아야 해요. 사람과 환경의 관계에 대한 생각이 바뀌어야 환경 친화적인 삶을 살 수 있게 될 거예요.

환경 친화적인 삶이란 자연과 더불어 살아가는 삶을 말해요. 다시 말해 자신의 행동이 주변 환경에 어떤 영향을 미치는지 생각하고 행동하는 거예요. 환경 친화적인 삶은 단순히 환경을 보호하려는 것이 아니에요. 환경이 오염되면 그 피해는 결국 사람에게 오기 때문에 환경을 보호하는 것이 곧 사람을 보호하고 건강하게 만드는 거지요.

우리나라도 환경 친화적인 삶을 살려고 노력하는 곳이 많아지고 있어요. 전라남도 담양군 창평슬로시티가 대표적인 곳이에요. '슬로시티'란 생태를 보존하고, 걷거나 자전거를 타고, 차가 필요할 때는 대중교통을 이용하는 등 마을 전체가 환경 친화적인 삶을 사는 지역이에요. 우리나라에는 전라남도 완도군 청산면, 충청남도 예산군 대흥면, 경상남도 하동군 악양면 등

슬로시티로 선정된 전라남도 완도군 청산면

이 슬로시티로 선정됐어요.

 사실 환경 친화적인 삶은 아주 거창한 것이 아니에요. 옛날부터 우리 조상들이 살아온 삶의 방식이지요. 가축의 분뇨나 짚, 잡초, 낙엽 등을 발효시켜 거름으로 사용하거나 짚과 흙으로 집을 지었던 것을 보면 잘 알 수 있어요. 우리 조상들처럼 환경을 함부로 대하지 않고 생명이 깃든 모든 생물을 사랑하면서 자연에 감사하는 태도를 지닌다면 누구나 환경 친화적인 삶을 살 수 있어요.

### 환경 사건 사고

**연어를 돌아오게 한 마못 댐 폭파**

2007년 미국 오리건 주는 마못 댐을 철거했다. 1908년~1912년 사이에 건설된 이 댐은 많은 양의 전기를 생산하고 있었다. 그럼에도 불구하고 이 댐을 철거한 까닭은 바로 '연어 보호' 때문이었다. 댐 건설 후 연어 수가 줄어 멸종 위기에 놓이게 되자 주 정부에서 댐을 부수기로 한 것이다. 그 결과 강이 물길을 회복하면서 연어와 송어가 돌아와 강 상류 지역의 생태계가 되살아났다.

환경 문제
해결을 위한 노력

# 지속 가능한 발전과 녹색 성장

'지속 가능한 발전'이란 환경과 경제 성장의 조화를 추구하는 발전을 말하는 거예요. 지구가 지탱할 수 있을 만큼 환경을 보호하면서 경제를 발전시켜 나가는 것이지요. 후손들도 자신들이 필요한 것을 자연에서 얻을 수 있도록 환경을 보전해야 한다는 뜻에서 지속 가능한 발전이란 이름이 붙여졌어요.

## 지속 가능한 발전을 약속한 세계

지속 가능한 발전이란 말은 인류의 현재와 미래를 연구하는 국제적 모임인 로마 클럽이 1972년에 발표한 《성장의 한계》라는 보고서에 처음 사용되었어요. 이 말은 '환경적으로 건전하고 지속 가능한 개발'이라는 말을 줄인 거예요.

1992년 6월에 브라질의 리우데자네이루에서 열린 '국제 연합 환경 개발 회의'에서 리우 선언이 채택되었어요. 리우 선언은 환경에 미치는 모든 개발은 환경적으로 건전하고 지속 가능한 개발이 되어야 한다는 내용을 담고 있어요. 리우 선언은 환경 문제 해결을 위한 대표적인 국제 환경 협약이에요. 세계 여러 나라가 이 협약을 통해 지속 가능한 발전을 위한 환경 정책을 실시하고 있어요.

## 지속 가능한 발전, 녹색 성장

우리나라도 리우 선언에 참여하여 지속 가능한 발전을 이루기 위해 다양한 정책을 연구하고 있어요. 지속 가능한 발전을 이루려면 눈앞의 이익과 편리함만 쫓아서는 안 돼요. 미래 세대에 미칠 영향까지 생각한 다음 경제를 성장시켜야 해요. 그런 의미에서 '녹색 성장'은 지속 가능한 발전을 위한 실천 방법이라고 할 수 있어요.

녹색 성장은 신재생 에너지를 적극적으로 이용하고, 불필요한 에너지 사용과 환경 오염을 줄이면서 경제를 발전시키려는 녹색 산업을 바탕으로 해요. 녹색 산업은 환경 친화적인 방법으로 제품을 생산하는 것뿐만 아니라 이를 위한 기술과 시설을 개발하고, 서비스를 제공하는 모든 산업을 말한답니다.

녹색 산업은 기업의 힘만으로 이루어지는 것은 아니에요. 기업이 녹색 산업을 실천하는 데에는 여러 가지 부담과 많은 비용이 필요하기 때문이에요. 따라서 녹색 산업에는 세금을 낮추고, 녹색 성장 기술 개발을 지원하는 등 정부의 노력이 뒷받침되어야 해요. 사람들에게 녹색 산업 상품이나 서비스 소비를 장려하는 정책도 필요하지요.

친환경 제품을 소개하는 2012 저탄소 녹색 성장 박람회

## 녹색 산업의 성과와 미래

녹색 산업이 자리 잡아 가면서 점차 환경 문제 해결뿐만 아니라 경제적으로도 여러 가지 성과를 거두고 있어요. 대표적인 것으로 녹색 일자

리 창출을 들 수 있지요. 태양열 주택 전문 건축가나 재활용품 가게 경영자, 생태 가이드 등이 여기에 속해요. 녹색 산업이 발달한 독일에서는 녹색 일자리가 무려 150만 개에 이른다고 해요.

녹색 산업이 자리 잡으려면 아직도 수많은 노력이 필요해요. 하지만 우리가 자연으로부터 얻고 누리며 산 것을 생각하면 이러한 노력은 아주 작은 것이에요. 또 우리가 누리고 살았던 만큼 다음 세대에게도 깨끗한 환경과 자연 자원을 물려주려면 반드시 해야 할 노력이랍니다.

### 환경백과

**환경을 살리는 녹색 소비**

환경을 살릴 책임은 기업이나 정부에만 있지 않아요. 환경을 보호하고 지킬 의무는 누구에게나 있지요. 이를 위해 누구나 실천할 수 있는 방법이 '녹색 소비'예요. 녹색 소비란 녹색 성장과 마찬가지로 환경을 고려한 활동이지요.

- 구입한 제품은 아껴서 오랫동안 사용하고, 에너지와 자원의 소비를 줄여요.

- 사려고 하는 제품이 환경에 어떤 영향을 미칠 것인지 생각해 보고 구매해요.

- 쓸모가 없어지더라도 바로 버리지 않고, 재사용하거나 재활용하는 방법을 찾아요.

환경 문제 해결을 위한 노력

# 세계의 생태 도시

여러분은 '생태 도시'란 말을 들어본 적이 있나요? 생태 도시는 환경을 생각해 계획한 도시를 말해요. 생태 도시는 다양한 생물이 살아갈 수 있는 생물 다양성 생태 도시, 환경 친화적으로 자원과 에너지 사용을 하는 자연 순환성 생태 도시, 도로 건축과 교통 시설 설비 등에 지속 가능한 발전을 추구하는 지속 가능형 생태 도시가 있어요.

## 브라질의 쿠리치바

브라질 남동부에 있는 쿠리치바는 교통수단과 쓰레기 때문에 골치를 앓는 보통의 도시였어요. 하지만 지금은 도시 전체가 친환경적인 생태 도시로 바뀌었지요.

버스 전용 차선을 만들고, 버스를 타기 전에 미리 요금을 낼 수 있도록 버스 정류장을 바꾸는 등 많은 사람들이 버스를 이용하도록 교통 체계를 정비했어요. 특히 전기 엔진으로 움직이는 굴절 버스는 쿠리치바를 대표하는 상징물이 되었지요. 또 재활용 쓰레기를 모아 시청으로 가져가면 먹을거리로 바꿔 주어요. 더불어 공원, 식물원, 산책로 등의 녹지 공간을 만들어 도시 공기를 맑게 만들고 시민들에게 쉼터를 제공했어요.

쿠리치바의 버스 정류장과 굴절 버스

## 독일의 프라이부르크

프라이부르크의 태양광 주택

프라이부르크는 도시 전체 면적의 40%가 숲으로 이루어진 독일을 대표하는 생태 도시예요. 시에서는 숲을 지키기 위해 다양한 환경 정책을 실시하고 있어요. 특히 태양 에너지를 적극적으로 이용하고 있지요.

또 프라이부르크 사람들은 자동차를 많이 타지 않고 주로 자전거와 전차를 타고 다녀요. 주차장보다 자전거 주차장을 더 많이 만들고, 전차 이용을 지원하는 에코 티켓을 발행했어요. 그 밖에 자연 재료로 건물을 짓고, 에너지를 최대한 아끼려고 노력하는 등 다양한 방법으로 도시를 환경 친화적으로 만들고 있답니다.

## 쿠바의 아바나

아바나의 도시 농장

쿠바의 아바나는 친환경 농업으로 유명한 생태 도시예요. 아바나에서 농사를 짓기 시작한 것은 경제가 어려워졌기 때문이었어요. 먹을거리가 부족해지자 시민들이 마당과 옥상 등의 남는 곳에 농사를 짓기 시작한 것이지요. 그 뒤 정부가 나서서 공터를 나누어 주고, 친환경적으로 농사짓는 기술을 가르쳐 주었어요. 그러자 식량 문제가 해결된 것은 물론 토양이 살아나고 동식물의 종류가 늘어났어요. 더불어 환경에 대한 관심이 높아져 삼림 보호와 신재생 에너지 개발, 친환경적인 교통 체계 개발 등으로 이어졌지요.

환경 문제
해결을 위한 노력

# 배려와 나눔으로 환경을 지켜요

　20%의 부자 나라 사람들이 지구 자원의 80%를 쓰고 있어요. 나머지인 80% 사람들이 20%의 지구 자원을 나눠 쓰는 거지요.

　부자 나라의 사람들은 자원을 많이 쓰는 것만큼 쓰레기도 많이 버려요. 이에 비해 자원을 적게 쓰는 가난한 나라 사람들은 쓰레기를 적게 버리지요. 만약 가난한 나라 사람들이 부자 나라 사람들처럼 자원을 쓰고 쓰레기를 버린다면 지구는 얼마 못 가 쓰레기로 뒤덮일 거예요.

　다시 말해 지구의 환경을 많이 오염시키는 나라가 있고, 덜 오염시키는 나라가 있어요. 하지만 환경 오염으로 인한 피해는 지구 생태계 전체가 받고 있어요. 사실 환경 문제는 부자 나라가 발전하는 과정에서 비롯된 것이나 다름없어요. 현재는 가난한 나라들이 산업을 발전시키면서 환경 문제를 많이 일으키고 있지만 오존층 파괴와 지구 온난화 등의 환경 문제는 이전에 부자 나라에서 먼저 시작된 것이에요.

　따라서 전 세계 자원을 무분별하게 개발하고 산업을 발전시켜 편리한 생활을 누리는 부자 나라는 더 책임감을 갖고 환경 문제 해결에 앞장서야 해요. 또 기술이 부족하고 가난한 나라 사람들을 도와야 하지요.

　이처럼 환경 문제에는 자연과 경제, 사회의 발전 등이 얽혀 있어요. 자연과 경제, 사회를 아울러야 환경 문제를 해결할 수 있지요.

## 부자 나라는 가난한 나라에 도움을 주어요

식량 원조

학교 시설 지원

의료 봉사

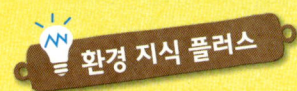 환경 지식 플러스

# 기념일로 보는 환경

나날이 환경 문제가 심각해지면서 환경 보호의 중요성을 강조하기 위해 기념일을 만들었어요. 기념일은 하루뿐이지만 환경 보호를 위한 우리의 실천은 날마다 계속되어야 한다는 걸 잊지 말아요!

### 2월 2일
**세계 습지의 날**
람사르 협약 25주년을 맞아 습지의 중요성을 되새기자는 뜻으로 지정된 날이에요.

람사르 협약 보호지 순천만

### 3월 22일
**세계 물의 날**
사람에게 없어서는 안 될 물의 소중함과 물 관리의 중요성을 일깨우기 위해 만들어졌어요.

### 4월 22일
**지구의 날**
환경 파괴와 자원 낭비의 문제를 되새기고, 지구 사랑을 실천하자는 뜻에서 만들어진 날이에요.

EARTH DAY - APRIL 22

### 5월 31일
**바다의 날**
바다의 중요성과 해양 생태계 보호를 강조하기 위해 우리나라 정부에서 제정한 법정 기념일이에요.

바다의 날 기념 정화 활동

## 6월 5일
### 세계 환경의 날
1972년 6월 5일 유엔에서 처음으로 열린 환경 회의를 기념하여 만들어졌어요.

2013년 환경의 날 기념 로고

## 6월 17일
### 세계 사막화 방지의 날
점점 넓어지는 사막화 문제를 주의 깊게 살피고, 이를 막기 위해 노력하는 날이에요.

사막화되고 있는 땅

## 7월 11일
### 세계 인구의 날
다양한 문제의 원인이 되는 인구 증가에 대한 관심을 높이기 위해 국제 연합 개발 계획이 지정한 날이에요.

## 8월 22일
### 대한민국 에너지의 날
에너지 절약의 절실함을 알리기 위해 우리나라 정부에서 만든 날이에요.

2012년 에너지의 날 포스터

## 9월 16일
### 세계 오존층 보호의 날
몬트리올 의정서 채택을 기념하고 매년 오존층 보호의 중요성을 되새기기 위해 만들어졌어요.

## 10월 16일
### 화학조미료 안 먹는 날
화학조미료를 먹지 않고 먹을거리와 건강, 환경에 대해 생각하는 날이에요.

화학조미료 안 먹는 날 캠페인

## 10월 18일
### 산의 날
2002년에 세계 산의 해를 계기로 산림청에서 지정한 기념일이에요. 산에 대한 관심을 높이고 산림을 보호하려고 만든 날이에요.

세계 산의 날 기념 등반 행사

### 환경 지킴이

# 환경을 지키는 모임

우리나라를 비롯한 세계 곳곳에는 환경 보호를 위해 앞장서는 단체들이 많아요. 좁게는 자기 나라의 환경을 보호하기 위해, 넓게는 전 세계의 환경을 보호하기 위해 적극적으로 활동하는 대표 환경 지킴이지요. 어떤 단체가 있는지 알아볼까요?

**그린피스(GREENPEACE)**
http://www.greenpeace.org
국제 민간 환경 보전 단체로, 자연을 위협하는 정부와 기업의 정책을 바꾸고자 힘쓰고 있어요.

환경 단체가 정말 많네!

**세계자연기금(WWF)**
http://www.wwf.org
세계에서 가장 큰 환경 보호 단체로, 1961년에 멸종위기동물을 보호하기 위한 기금 조성을 목표로 설립되었어요.

**프렌즈오브디얼스(Friends of the Earth)**
https://www.foei.org/
국제 환경 운동을 이끄는 영향력 있는 단체로, 세계 여러 나라에서 독립적으로 활동하고 있어요.

환경 단체에 회원으로 가입하여 환경 지킴이가 되어 보자.

**환경운동연합**
http://www.kfem.or.kr
우리나라의 환경 단체로, 환경 오염을 방지하는 운동뿐만 아니라 환경을 보전하여 지속 가능한 사회를 만드는 것을 목표로 해요.

**녹색연합**
http://www.greenkorea.org
바다와 갯벌 살리기, 생태계 보전 등의 환경 운동을 펼치는 우리나라의 환경 단체예요.

**시에라클럽(SIERRA CLUB)**
http://www.sierraclub.org
미국의 국립 공원과 자연을 보호하려고 설립되었지만, 지금은 전 세계의 환경을 보전하는 데 노력을 기울이고 있어요.

지구를 살리기 위해 우리 모두 함께 노력해요!

**사진 출처**

김경미, 산림청, 서해문집, 에너지시민연대, 연합뉴스, 유넵한국위원회, 이미지코리아, 한국환경공단, 한국환경산업기술원, 환경부(이형석, 이재춘), 환경운동연합, AP 통신, Dreamstime, Potos, Shutterstock, Wikimedia Commosn(A.Savin, Alejandro Díaz, AW-Energy Oy, Dalgial, Dave Pape, Digital Globe, Gretar Ívarsson-Edited by Fir0002, Hadi, Jambula at en.wikipedia, Mariordo, Morio, N T Stobbs, NASA, Ruben de Rijcke, TheOriginalSoni, tomsaint11, UNclimatechange from Bonn; Germany, USAF, 阿爾特斯,)

- 이 책에 실린 사진은 저작권자의 허락을 받아 게재한 것입니다.
- 저작권자를 찾지 못해 게재 허락을 받지 못한 일부 사진은 저작권자가 확인되는 대로 게재 허락을 받고 통상 기준에 따라 사용료를 지불하겠습니다.

| 찾아보기 |

## ㄱ

가시연꽃 · 87
강 살리기 네트워크 · 79
갯벌 · 94
검독수리 · 87
고엽제 · 109
공기 정화 식물 · 121
광화학 스모그 · 30
교토 의정서 · 52
구미 불산 가스 누출 사고 · 25
그린피스 · 176
그린훼밀리 · 그린스카우트연합 · 176
기아 · 154

## ㄴ

낙동강 오염 · 69
녹색 산업 · 168
녹색 성장 · 166
녹색연합 · 177

## ㄷ

다이옥신 · 106, 108
대기 · 22
대형 폐기물 · 104
도노라 스모그 사건 · 31

## ㄹ

라니냐 · 50
람사르 협약 · 95
러브커넬 · 19, 111

런던 스모그 사건 · 18, 30
런던형 스모그 · 28
로스앤젤레스형 스모그 · 30

## ㅁ

마못 댐 폭파 · 165
매립 · 110
멕시코 만 기름 유출 사고 · 19, 71
멸종 위기 동식물 · 98, 99
뫼즈 계곡의 스모그 사건 · 31
무농약 농산물 · 152
물 부족 · 62
물 분쟁 지역 · 65
물 오염 · 68, 82
미나마타병 · 75
미선나무 · 87
미세 먼지 · 26

## ㅂ

바다의 날 · 174
바이오 에너지 · 137
바이오스피어2 · 13
배기가스 · 24
베이크아웃 · 121
베트남 고엽제 사건 · 109
보팔 독가스 사고 · 18
부영양화 · 72

## ㅅ

사막화 · 92
사업장 폐기물 · 102

산성 물질 · 36
산성비 · 36
산소 · 22
산양 · 87
산의 날 · 175
새집 증후군 · 120
생물 다양성 · 86, 88
생물 다양성 협약 · 88
생태 도시 · 170
생태 발자국 · 124, 126
생활 폐기물 · 102
석유 · 132
세계 물의 날 · 79, 174
세계 사막화 방지의 날 · 175
세계 습지의 날 · 174
세계 오존층 보호의 날 · 175
세계 환경의 날 · 175
소각 · 106
소음 · 122
수달 · 87
수은 중독 · 74, 75
숲 · 96
스모그 · 28
슬로시티 · 164
슬로푸드 · 145
습지 · 94
시에라클럽 · 177
식량 부족 · 155
식품 첨가물 · 146
신재생 에너지 · 136

쓰레기 · 102
쓰레기 매립장 · 111
쓰레기 소각장 · 108
쓰레기 수출 · 112
쓰레기 종량제 · 117

## ㅇ

야생 동식물 종의 구제 거래에 관한 협약 · 89
양서류 · 86
에너지 자원 · 130
에너지 절약 · 140, 141
엘니뇨 · 50
열대 우림 · 90
열대야 · 38
열섬 현상 · 38
오존 · 22, 34
오존 경보제 · 35
온실 효과 · 44
온실가스 · 44, 46
원자력 에너지 · 134
유기농 농산물 · 152
유전자 재조합 식품 · 150
유해 물질 · 118
음식물 쓰레기 · 104, 127
음식물 쓰레기 종량제 · 117
이산화탄소 · 22, 46
이산화황 · 26
이타이이타이병 · 75
인공 환경 · 13
인스턴트식품 · 148

인위쩐 · 96
일본 가네미 사건 · 109

## ㅈ

자연환경 · 12
자원 회수 시설 · 106
재사용 · 116
재활용 · 114
저농약 농산물 · 152
적조 현상 · 72
종량제 봉투 · 104
지구 온난화 · 46, 48, 52, 54
지구의 날 · 174
지속 가능한 발전 · 166
지열 에너지 · 137
질소 · 22

## ㅊ

청색증 · 74
체르노빌 원자력 발전소 사고 · 18, 135
층간 소음 · 123
친환경 농산물 · 152

## ㅋ

콜레라 · 74
콜탄 · 91

## ㅌ

탄소 발자국 · 56
탄소 배출권 · 52
태안 기름 유출 사고 · 19, 70
태양광 에너지 · 137

통합 대기 환경 지수 · 41
투발루 · 53

## ㅍ

파력 에너지 · 137
패스트푸드 · 144
폐기물 · 102
폐기물 부담금 제도 · 116
풍력 에너지 · 137

## ㅎ

하수 종말 처리장 · 76
한국호랑이 · 87
핵에너지 · 134
핵폐기물 · 134
화석 연료 · 130, 132
화학조미료 · 148, 149
환경 위기 시계 · 17
환경 친화적인 삶 · 164
환경 호르몬 · 120
환경운동연합 · 177
황사 · 32
후쿠시마 원자력 발전소 사고 · 19, 135